Tolstoï et les Doukhobors

Léon Tolstoï, Paul Birukov, Vladimir Tchertkov,
J.-Wladimir Bienstock

© 2024, Léon Tolstoï, Paul Birukov, Vladimir
Tchertkov, J.-Wladimir Bienstock(domaine
public)
Édition : BoD • Books on Demand GmbH,
In de Tarpen 42, 22848 Norderstedt (Allemagne)
Impression : Libri Plureos GmbH,
Friedensallee 273, 22763 Hamburg (Allemagne)
ISBN : 978-2-3225-5422-5
Dépôt légal : Octobre 2024

TABLE DES MATIÈRES

I. — Avertissement du traducteur — 1

II. — Préface. P. Birukov — 5

III. — Les Doukhobors au commencement du XIXe siècle (Rapport officiel écrit en 1805) — 9

    1º Origine des Doukhobors — 12

    2º Leur vie et leur organisation — 15

    3º Doctrine des Doukhobors — 24

IV. — Ma connaissance avec les Doukhobors. P. Birukov — 37

V. — Lettre à la rédaction du *Times*. L. Tolstoï — 45

VI. — Les persécutions des chrétiens en Russie en 1895. P. Birukov — 49

VII. — Postface de la brochure de Birukov. L. Tolstoï — 87

VIII. — Postface de la brochure « au secours ». L. Tolstoï — 101

IX. — « Où est ton frère? ». Tchertkov — 113

X. — Lettre aux Doukhobors du Caucase (1898). L. Tolstoï — 185

XI. — L'émigration des Doukhobors au Canada. J. W. B. — 189

XII. — Lettre aux Doukhobors émigrès au Canada. L. Tolstoï — 205

XIII. — Aux Doukhobors du Canada. L. Tolstoï — 217

XIV. — Les Doukhobors et le Gouvernement du Canada. Appel à l'humanité (Documents officiels) — 219

XV. — À propos du conflit entre les Doukhobors et le gouvernement du Canada — 261

XVI. — Appendice — 279

FIN DE LA TABLE

I

AVERTISSEMENT

En plaçant le nom de Tolstoï en tête de ce recueil d'articles, dont l'ensemble donne le tableau le plus complet que nous ayons jusqu'ici de la vie des Doukhobors, nous avons voulu non seulement prendre le grand écrivain comme le Génie bienfaisant de ce livre, mais rappeler qu'il fut aussi celui de la secte dont nous nous occupons. En effet, les Doukhobors doivent tant à Léon Tolstoï que son nom restera intimement associé à leur histoire. Ce n'est pas que (opinion parfois émise) Léon Tolstoï ait été leur inspirateur ; — dans le bel article de M. Tchertkov : « Où est ton frère », le lecteur verra ce qu'il faut penser à ce sujet —, mais si Tolstoï n'a pas eu d'influence sur le développement moral des Doukhobors, il y a aidé indirectement, en favorisant leur émigration au Canada. D'abord, grâce à son intervention énergique, le gouvernement autorisa l'émigration des Doukhobors, et ensuite par diverses souscriptions et surtout par la vente de son admirable « Résurrection », il leur fournit les moyens matériels de quitter la Russie.

Et depuis, Léon Tolstoï a consacré une grande partie de son puissant talent à la cause des Doukhobors, et par une série d'articles retentissants, il a attiré l'attention du monde entier sur ces hommes qui mettent en pratique la loi chrétienne de la non-résistance au mal par la violence. »

À côté de Tolstoï, le futur historien des Doukhobors n'oubliera pas V. Tchertkov, P. Birukov, Trégoubov et quelques autres qui n'ont reculé devant aucun sacrifice, l'exil même, pour aider aux malheureux opprimés, et qui complètent leur œuvre par une grande entreprise : l'édition de tous les matériaux relatifs à l'histoire des Doukhobors, matériaux dont l'ensemble ne formera pas moins de seize volumes, composés sous la direction de M. Bontche-Brouievitch.

J. W. B.

II
PRÉFACE

Dans des revues et des journaux français, quelques articles concernant la secte des Doukhobors, l'une des plus remarquables des sectes russes, ont paru à diverses époques. Mais chacun de ces articles, écrits le plus souvent à propos d'un événement special de la vie des Doukhobors, ne contenait qu'un bref aperçu de l'histoire si mouvementée de cette secte, et n'en donnait pas le tableau complet et clair.[1]

Le but de ce recueil est de suppléer à ces lacunes.

Écrire une monographie des Doulchobors est un travail si considérable, que nous ne voulons pas la faire attendre au public français, quelques années peut-être, sans lui donner au moins des renseignements exacts et précis sur le grand mouvement de cette secte, mouvement remarquable tant au point de vue social, qu'au point de vue historique et moral. Ces renseignements nous seront fournis par des articles déjà parus et par d'autres, qui jusqu'ici n'ont pas été publiés en français. Les articles qui composent ce recueil ont été écrits à diverses époques et pour divers motifs, aussi demandons-nous au lecteur de n'y pas chercher de lien organique. Leur ensemble donne un tableau assez complet du passé des Doukhobors, de leur vie présente, de leur développement spirituel, des persécutions et des souffrances qu'ils ont endurées pour leur foi.

Et la foi de ces hommes, presque tous naïfs et frustes, à peine effleurés par la civilisation européenne, est si pure, si sublime, qu'elle mérite d'attirer l'attention des plus grands esprits, et celle de la foule qui cherche un modèle de vie, et qui est toujours heureuse de suivre les indications de la vérité. Et nous espérons que ces pages donneront à réfléchir à beaucoup, sur les questions les plus importantes de la vie humaine.

Celui qui écrit ces lignes connaît les Doukhobors, il a vécu avec eux, il a touché les blessures, que leur firent les nogaïki des Cosaques, et, à leur contact, il a puisé les forces morales qui lui ont servi d'appui dans la route difficile de la vie.

P. Birukov.

Onex. Janvier 1902.

1. ↑ Le meilleur article et le plus complet, paru en français sur les Doukhobors, est celui d'Ivan Strannik, publié dans la *Revue de Paris* du 15 octobre 1901.

Note du traducteur.

III
LES DOUKHOBORS AU COMMENCEMENT DU XIXᵉ SIÈCLE
Rapport écrit en 1805.[1]

Dans la deuxième moitié du XVIIIᵉ siècle, apparaissait en Russie une société dont l'existence, parmi le peuple ignorant, grossier, attaché aux formes extérieures de sa religion, semblait un fait absolument extraordinaire. Subitement se révélaient des hommes niant non seulement toutes les coutumes et tous les rites de l'Eglise orthodoxe, mais n'acceptant ni le baptême par l'eau, ni la communion avec le corps et le sang du Christ sous les espèces du pain et du vin.

Naturellement ces hommes ne furent laissés tranquilles ni par leurs voisins, ni par le gouvernement, d'autant plus que personne ne savait ni ne comprenait leur esprit. De tous côtés ils eurent à subir d'incessantes persécutions : chaque rencontre avec le prêtre, avec le commaissaire ou l'inspecteur de police leur valait l'interrogatoire et la prison ; chaque rencontre avec les voisins était accompagnée de menaces et d'injures, chacun de leurs actes les faisait passer pour des monstres, ennemis de la tranquillité publique. L'autorité suprême les jugeait, pour la plupart, sur les dénonciations des petits fonctionnaires et souvent ils furent déportés comme criminels politiques. Et les persécutions contre les Doukhobors ne prirent fin que sous le règne doux et pacifique d'Alexandre Ier.

Les persécutions contre les Doukhobors commencèrent en 1792. Le gouverneur de Ekatérinoslav écrivit alors à Pétersbourg que « les Iconoclastes ne méritent pas de pitié », et que leur hérésie est surtout dangereuse par la contagion de l'exemple, car « la vie des Doukhobors est basée sur les règles les plus honnêtes, leurs principaux soins se rapportent au bien commun, et ils attendent leur salut des bonnes œuvres ». Les Doukhobors furent condamnés au bûcher, mais graciés et déportés en Sibérie. En 1801, les sénateurs Lopoukhine et Neledinsky-Meletzky, qui se trouvaient dans la province Slobotska-Ukraine, les premiers montrèrent à l'Empereur ces hommes sous leur vrai jour ; et, sur le rapport de ces envoyés, Sa Majesté, voulant séparer les Doukhobors des autres habitants, leur permit d'émigrer en Molotchnia Vodi. En 1804, les Doukhobors, qui se trouvaient dans les provinces de Novorossïsk, Tambov et Voronèje, demandèrent à rejoindre leurs coreligionnaires.

Avant d'expliquer ce que sont les Doukhobors, examinons leur origine, leur vie (ou leur genre de vie) et leur doctrine.

I

Origine des Doukhobors.

Le nom de Doukhobors leur fut donné en 1785, probablement par l'archevêque de Ekatérinoslav ; par ce nom, on voulut sans doute caractériser l'hérésie que contenait leur doctrine. Mais les Doukhobors eux-mêmes (*Doukh* en russe signifie *esprit* ; *bor* abréviation de *borietz, lutteur*) tirent ce nom de l'esprit, et ils l'expliquent en disant qu'ils servent Dieu par l'esprit, qu'ils luttent par l'esprit ; ainsi, selon leur interprétation, faut-il les appeler *Doukhobors*. Avant, le gouvernement les appelait des Iconoclastes et leur doctrine, si l'hérésie des Iconoclastes, puisqu'ils nient, entre autres choses, l'adoration des icônes. Le simple peuple les gratifiait de plusieurs noms injurieux mais le plus souvent les appelait : Molokhans et Farmazones : Molokhans parce qu'ils n'observaient pas les jeûnes, et en carême buvaient du lait (en russe *moloko*) et mangeaient de la viande. Quant à « Farmazones », c'était l'altération du mot Franc-Maçon. Mais les Doukhobors eux-mêmes s'appelèrent toujours *chrétiens* et nommèrent les autres les *laïques*.

Les Doukhobors ignorent leur origine, puisque, comme les gens simples et illettrés, ils n'ont d'autre histoire que la tradition et que celle-ci n'en a conservé parmi eux aucun souvenir. Ils disent seulement qu'ils viennent des trois adolescents : Hanani, azaria et Misaël martyrisés pour leur refus d'adorer l'image de Nébucadnetsar. Sans doute ils veulent dire par là qu'ils souffrent de même et sont prêts à souffrir pour la non-adoration des icônes et pour la négation des rites de l'Église.

La secte des Doukhobors, jusqu'à présent (1805), a été dispersée un peu partout, nulle part les Doukhobors ne formaient des villages entiers ; on ne trouvait pas plus de quelques familles doukhobores par village. Ils étaient répandus dans toutes les provinces de la Russie. Outre quelques provinces intérieures, les Doukhobors habitent aussi à Arkhangel, Azov, Georgievsk, Stawropol, Kola, même à Irkoutsk et au Kamtchatka. Ils affirment aussi que beaucoup de leurs frères sont en Allemagne et en Turquie, et qu'en Allemagne, ils ont plus à souffrir que chez les Mahométans. Les relations entre les Doukhobors qui vivent en Russie sont occasionnelles, par exemple ils ne se voient entre coreligionnaires que par le hasard des affaires commerciales.

II

Leur vie et leur organisation.

Exception faite de la religion, les Doukhobors peuvent être, pour le pays, le modèle de la vie sociale et familiale. En 1792, le gouverneur de Ekatérinoslav, Kokhovskoï, dans son rapport au général procureur de cette époque, écrit, notamment, que les adhérents de l'hérésie des Doukhobors mènent une vie particulierement bonne, s'abstiennent de l'ivrognerie et de l'oisiveté, ont soin de leur famille et ont de très bonnes mœurs. Ils payent toujours régulièrement les impôts et autres charges sociales, et souvent même en comparaison des autres paysans, ils payent trop, à cause des persécutions de toutes sortes que leur font subir les autorités des villages. La paresse et l'ivrognerie ne sont point tolérées parmi eux, et ceux qui sont atteints de ces vices sont exclus de leur société. Mais aussitôt qu'on regarde leurs croyances et leurs actes religieux, tout de suite apparaît une différence complète, et même la contradiction entre eux et les autres paysans. Les Doukhobors ne fréquentent pas du tout l'église, n'adorent pas les icônes, prient sans faire le signe de la croix, n'observent pas les jeûnes ordinaires et ne participent pas aux plaisirs et aux débauches des *laïques*. Toutes ces causes les différencient absolument des paysans ordinaires, et servent de prétexte aux persécutions incessantes dont ils sont l'objet.

Les Doukhobors pensent que les actes extérieurs sont tout à fait inutiles à l'œuvre du salut, et que l'Église, à cause de la chute du vrai christianisme, est devenue une association de brigands. Aussi reconnaissent-ils comme la seule Église sainte, apostolique, celle que Dieu, par son incarnation, a remise, a éclairée et éclaire des dons de l'Esprit, et qui par cela est la réunion des fidèles et des vrais chrétiens.

Dans cette conviction, ils se réunissent fréquemment entre eux, bien qu'ils n'aient pas d'endroit spécial affecté à ces assemblées ; du reste, ils n'attachent à l'endroit aucun privilège, ils s'assemblent chez l'un ou chez l'autre, sans aucune distinction. Ils n'ont pas, non plus, de jours spéciaux pour ces réunions, et ne pratiquent aucune fête ; chaque jour libre est choisi pour la réunion. Cependant, en général, ils s'assemblent lors des fêtes de l'Église, des fêtes des laïques, quand tous ceux-ci ne travaillent pas, car si eux-mêmes travaillaient pendant ces fêtes, ils pourraient s'attirer des injures et être persécutés pour irrespect aux institutions gouvernementales. Ainsi, chacun d'eux peut faire une réunion chez lui, quand bon lui semble, en y invitant toute la commune. Si la réunion est faite par un homme peu aisé qui ne peut nourrir ceux qu'il a conviés, ceux-ci apportent leurs aliments, car à leurs réunions ils soupent toujours. En arrivant, ils se saluent l'un l'autre, d'homme à homme, de femme à femme, et, pour cela, se prennent réciproquement la main droite, font trois saluts et s'embrassent trois fois.

Tout d'abord, chacun dit sa prière, salue et embrasse trois fois, et cela au nom du Dieu trihypostatique, au nom de la purification de la chair, et, pour chasser l'orgueil, ils se prennent la main en signe d'union, d'amour et de reconnaissance du Dieu caché intérieur.

Pendant la réunion, chacun, l'un après l'autre, dit une prière, celle qu'il sait ; ils chantent en chœur les psaumes et apprennent la parole de Dieu. Comme la plupart ne savent pas lire, et, par suite, n'ont pas de livres chez eux, tout cela se passe verbalement. Ils n'ont pas de prêtres, ils reconnaissent pour tel, le seul juste, sincère, pur, séparé de tous les pécheurs et monté plus haut que les cieux : le Christ. Il est leur seul maître. Dans les réunions, ils apprennent la parole divine l'un de l'autre, chacun peut dire ce qu'il sait pour instruire ses frères, même les femmes ont ce droit, car, disent-ils : « les femmes aussi ont la raison, et la *lumière est dans la raison* ». Pour prier, ils sont debout ou assis. À la fin de la réunion, ils s'embrassent trois fois comme au commencement.

Tout ce qui est dit sur le temps et l'endroit se rapporte seulement aux Doukhobors qui vivaient ou vivent encore dispersés dans les villages parmi les autres paysans. Quant à ceux qui ont émigré à Molotchnia Vodi, ils font leurs réunions dehors, en deux cercles : celui des hommes et celui des femmes.

La vertu la plus estimée parmi les Doukhobors, c'est l'amour du prochain. Ils n'ont pas de propriété personnelle, chacun considère son bien comme appartenant à tous. Ils l'ont prouvé par les faits : lors de leur émigration en Molotchnia Vodi, ils ont réuni là-bas tous leurs biens en un seul endroit, en sorte qu'ils ont maintenant une caisse commune, un troupeau commun et, dans deux villages, deux dépôts de blé. Chacun prend dans la propriété ce dont il a besoin. L'hospitalité est aussi une de leurs grandes vertus. De ceux qui passent dans leurs villages ils ne réclament rien, ni pour le logement, ni pour la nourriture ; cependant pour que leurs frères ne puissent être dépravés par les étrangers qui s'arrêtent chez eux, ils ont fait bâtir à Molotchnia Vodi une maison hospitalière où doivent s'arrêter tous les passants. Ici vivent, et sont nourris au compte de la société, des chefs *laïques*, et là se trouve aussi leur caisse.

Les Doukhobors sont pitoyables au prochain, et malgré toutes les calomnies répandues à leur sujet, maintes fois les autorités mêmes ont témoigné devant le haut pouvoir, de la bonté et de la charité des Doukhobors. Ils sont même doux envers les animaux qu'ils frappent rarement. Chez eux, les enfants ont le plus grand respect pour leurs parents, les cadets pour les aînés, bien que les aînés et même les parents n'usent pas sur eux d'un grand pouvoir, se croyant spirituellement égaux aux enfants.

Les Doukhobors n'ont entre eux d'autre pénalité que l'exclusion de leur société ; et on ne l'applique que pour des actes montrant nettement que le coupable s'est tout à fait détourné de l'esprit du Christ et pourrait corrompre quelques-uns ses frères. Mais avant de prendre cette mesure, dès qu'un des frères remarque chez un autre un acte coupable, selon l'esprit de la Sainte Écriture, il lui montre sa faute. Si le coupable ne s'amende pas, il est convaincu de sa faute en présence de deux ou trois de ses frères ; s'il n'obéit pas à ceux-ci, il est dénoncé en réunion plénière ; persévère-t-il alors dans sa faute, il est exclu de la société. Cependant il arrive, mais très rarement, que des frères, sans faire d'acte méritant l'exclusion, quittent d'eux-mêmes la société, pour vivre plus à leur guise. Il est même arrivé que des femmes ont, dans ce but, quitté leurs maris ; ceux-ci ne les retiennent pas, mais leur donnent la liberté et si possible une part des biens. Toutefois, les éliminés et ceux qui volontairement ont quitté la société peuvent y être réintégrés s'ils ont plein repentir de leurs actes ou s'ils renoncent à la débauche. Il y a plusieurs exemples de ce cas.

Les Doukhobors travaillent selon leurs aptitudes personnelles ou selon le milieu ; les uns s'occupent du commerce, les autres cultivent la terre, et ceux-ci sont la majorité, car les Doukhobors préfèrent ce noble travail à tout autre.

Dans leur société, il n'y a aucun chef qui la dirige et l'administre ; elle est dirigée par tous et chacun. Ils n'ont aucun règlement écrit. À en juger d'après l'esprit ordinaire du peuple, il semble qu'il devrait y avoir dans la société des Doukhobors de la discorde et du désordre, mais il n'en est rien, et à Molotchnia Vodi, trois et même cinq familles vivent en paix dans une seule grande izba.

Mais quand il s'agit de la direction de la famille, alors la faiblesse et les besoins du sexe féminin, l'inexpérience des adolescents et l'éducation des enfants nécessitent des usages différents. Dans chaque famille naturelle, doit être un chef et ce chef c'est le père. Son devoir est de se soucier des besoins de la famille, de surveiller les enfants, de corriger leurs défauts et de leur apprendre la loi de Dieu. Quand le père meurt, c'est le fils aîné qui assume cette tâche ; s'il n'est pas capable de diriger la famille, alors on en choisit un autre.

Chez les Doukhobors, l'éducation est très simple. Aussitôt que l'enfant commence à parler et à comprendre, les parents lui apprennent une courte prière et quelques psaumes, lui racontent quelques passages des Saintes Écritures, et ainsi continuent, toujours verbalement, l'enseignement de la loi chrétienne. Quand les enfants savent quelques prières et quelques psaumes, alors ils viennent aux réunions et à leur tour récitent les prières qu'ils ont apprises et chantent les psaumes avec tous les autres. Mais outre l'enseignement donné par les parents, chaque Doukhobor se croit obligé d'apprendre quelque chose d'utile à chaque enfant de sa commune, dès que l'occasion s'en présente, et de lui éviter de mal faire quand il le peut.

Avec une éducation, peu à peu l'esprit des parents se transmet aux enfants, leurs idées s'enracinent profondément en eux, et les dispositions des enfants au bien se fortifient par les bons exemples. On affirme, et c'est très naturel que, parmi un grand nombre d'enfants, chacun peut distinguer des autres les enfants doukhobors, comme des épis de froment parmi l'avoine.

III

Doctrine des Doukhobors.

1º Le dogme essentiel de la doctrine des Doukhobors c'est le service, l'adoration de Dieu par l'esprit et la vérité. Ils nient toute manifestation extérieure comme inutile à l'œuvre du salut.

2º Ils ne connaissent aucun credo catholique, mais ils disent d'eux-mêmes qu'ils ont la foi du Christ. Ils lisent le credo de notre Église et admettent tout ce qu'il renferme, mais ils le considèrent au même titre que leurs psaumes ordinaires.

3º Ils reconnaissent Dieu en trois personnes, ils croient que, par la mémoire, nous devenons semblables à Dieu le Père, par la raison à Dieu le Fils, par la volonté à Dieu le Saint-Esprit. En outre la première personne, la lumière, est Dieu le Père ; la deuxième personne, la vie, Dieu le Fils ; la troisième, le repos éternel Dieu Esprit. Voici, d'après eux, l'image en nature de Dieu trihypostatique ; Le Père, c'est la hauteur ; le Fils, la largeur ; l'Esprit, la profondeur. Ils donnent aussi à cela un sens moral : le Père est haut, et nul ne peut parler de plus haut que lui ; le Fils est large par la raison ; la profondeur de l'Esprit, personne ne la peut connaître.

4º Leur conception du Christ est basée sur la doctrine évangélique ; ils reconnaissent son incarnation, ses actes, sa doctrine, ses souffrances, mais tout cela au sens moral et affirment que tout ce qui est dit dans l'évangile doit se faire en nous ; ainsi le Christ doit en nous être conçu, naître, grandir, souffrir, mourir, ressusciter et monter au ciel, et ils voient en cela la nouvelle naissance de l'homme. Ils disent que Jésus lui-même est l'évangile éternel, vivant, qu'il l'a fait annoncer par la parole ; lui-même est une parole et ne se trouve que dans le cœur.

5º Ils croient qu'en dehors de Dieu et du Christ, il n'y a nulle part le salut, mais que si Dieu n'est pas appelé d'un cœur pur, lui-même ne peut sauver l'homme.

6º La foi en Christ est absolument nécessaire au salut de l'homme, mais la foi sans œuvres, est morte, ainsi que les œuvres sans foi. La foi vivante est une : c'est la reconnaissance par le cœur de l'évangile.

7º Quant au baptême, ils disent qu'ils baptisent par la parole au nom du Père, et du Fils, et du Saint-Esprit, comme le Christ l'a enseigné à ses apôtres en disant : « Allez et enseignez toutes les nations, les baptisant au nom du Père, du Fils et du Saint-Esprit. » Le baptême se fait quand l'homme se repent dans son cœur et appelle Dieu, alors ses péchés lui sont pardonnés et il pense à Dieu et non plus au monde. Les Doukhobors ne professent que ce baptême. La nouvelle naissance et le baptême spirituel, selon eux, c'est la même chose. Les moyens pour atteindre la nouvelle naissance, sont la foi en Dieu et la prière. Les insignes du nouveau-né ou du baptisé sont les œuvres du nouvel homme. Cependant, ils distinguent sept degrés à ce baptême : le premier, c'est la cessation des péchés ; le deuxième, la connaissance du monde ou la connaissance des voies du Seigneur ; le troisième, l'entendement de la parole de Dieu ; le quatrième, la consécration de la prière ; le cinquième, la profession spirituelle ; le sixième, la communion spirituelle ; le septième, le baptême du sang ou l'humiliation ; le septième degré signifie encore pour eux l'union avec Dieu. Celui qui a atteint l'union avec Dieu, est déjà en Dieu, et avec les yeux spirituels, il peut voir les anges.

Les Doukhobors jugent inutile le baptême extérieur par l'eau ; l'eau, disent-ils, ne peut qu'effacer les souillures du corps.

8º Ils croient que tout vrai chrétien a deux noms : l'un corporel qu'il a de ses parents à la naissance corporelle, et l'autre spirituel que lui donne le Père du ciel à la naissance spirituelle, conformément à ses œuvres. Ce dernier nom n'est, ici-bas, connu de personne, il sera connu dans l'éternité.

9º On confesse ses péchés au Dieu du ciel, bon et miséricordieux, pour qu'il nous les pardonne par les prières. Quant aux péchés contre le prochain, on les confesse devant tous en leur en demandant pardon. Nier le péché que d'autres connaissent c'est pour les Doukhobors un grand crime. Si, après avoir été convaincu trois fois d'une telle faute, celui qui l'a commise ne se repent pas, il est rejeté de la société. Les Doukhobors blâment beaucoup qu'un homme s'appelle un pécheur, s'en vante par fausse humilité et comme pour s'en excuser, et avec cela n'essaye pas de se corriger de ses défauts. Quand l'homme a faibli, il doit aussitôt se relever, en demander pardon à Dieu de tout son cœur et, de toutes ses forces, veiller à ne plus retomber dans le même péché.

10º Quant à la communion, en tout temps, ils communient avec les sacrements sacrés vivifiants et mistérieux pour se laver spirituellement des péchés par l'acceptation intérieure de la parole de Dieu qui est le Christ. Et, disent-ils, une telle communion, dont s'imprègne la raison, pénètre l'homme jusqu'aux os et au cerveau. Le sacrement de l'eucharistie, sous les espèces du pain et du vin, n'est pas accepté des Doukhobors qui disent que le pain et le vin entrent dans la bouche comme nourriture ordinaire et n'apportent rien à l'âme.

11º Ils croient que le jeûne consiste non dans la qualité de la nourriture mais dans l'abstinence de la gourmandise et des autres vices; dans la pureté, la douceur et l'humilité de l'esprit. L'abstinence de viande, selon leur parole, n'apporte à l'âme aucun profit.

12º Ils respectent les Saints mais n'invoquent pas leur aide, disant qu'ils ont servi Dieu pour eux-mêmes, et que nous devons seulement les imiter ; c'est ainsi qu'ils les appellent en aide. Mais s'ils respectent les Saints, ils ont moins de déférence pour leurs œuvres ; ainsi ils croient que lorsque saint Nicolas frappa Arius à la joue, la parole de Dieu s'éloignait de lui et qu'il confondait le raifort et le miel.

13º Les Doukhobors ne considèrent pas le mariage comme un sacrement, et chez eux il ne se fait que par le consentement réciproque des deux époux. Comme les Doukhobors ne font entre eux aucune différence de fortune et de noblesse de famille, les parents n'interviennent jamais dans le mariage des enfants. Aucune cérémonie spéciale n'a lieu pour l'hymen, le consentement des époux et la promesse de vivre ensemble suffisent. Il arrive parfois que les mariages ne deviennent publics que lorsque la femme a un enfant. Mais si un homme rend mère une fille, il ne peut refuser de l'épouser, sous peine d'être exclu de la société. L'adultère encourt la même punition. Chez les Doukhobors il n'y a jamais de divorce en vue d'un autre mariage, car ce serait aussi l'adultère. Mais si les époux veulent, par chasteté, ne plus vivre ensemble, ils en sont absolument libres. Après la mort de l'un des époux, l'autre peut se remarier jusqu'à trois fois, mais de tels exemples sont rares, car, disent-ils, le chrétien doit dompter sa chair et non la satisfaire.

14° Ils rappellent les morts par leurs bonnes œuvres, ils ne perpétuent pas autrement leur souvenir. Dieu lui-même récompensera les saints dans son royaume, et ainsi ils ne prient jamais pour les morts, croyant cela inutile. Cependant ils emploient le mot *changement* pour indiquer la mort du chrétien ; ils ne disent pas « notre frère est mort » ; mais « notre frère est changé ». Les enterrements se font sans aucune cérémonie, et sans larmes, seuls les enfants pleurent parfois, mais on compte cela comme une faiblesse. Quand les Doukhobors vivaient en cachant leur doctrine, les corps de leurs frères morts étaient ensevelis suivant l'usage du pays et au cimetière commun ; mais depuis qu'ils sont installés en communes, ils ensevelissent leurs morts dans un endroit spécial.

15° Les Doukhobors croient à la création du premier homme comme il est dit dans les saintes Écritures : c'est-à-dire que son corps a été formé de terre et que Dieu a soufflé sur ce corps pour lui donner la vie ; ils croient que jusqu'à la chute, l'homme était pur et sans vice et que son corps était glorieux ou, selon leur expression, pacifique ; pour eux, la chute est dans la violation du commandement divin. Les Doukhobors disent que le corps de l'homme est de la terre ; les os, de la pierre ; les veines, des racines ; le sang, de l'eau; les cheveux, de l'herbe ; la pensée, du vent ; la grâce divine, des nuages. Tout cela s'explique par l'opinion connue : l'homme *est un microcosme*. Ils disent de l'âme humaine qu'elle est la force en Dieu, et que Dieu est dans l'homme.

16º En raisonnant sur le péché héréditaire, ils admettent qu'en général, des parents méchants donnent des enfants méchants, mais cependant ils affirment que les péchés des parents n'empêchent pas le salut des enfants, et que, dans l'œuvre du salut, chacun doit personnellement en répondre devant Dieu.

17º Au sujet de la béatitude des Saints et du paradis, les Doukhobors disent que le royaume est dans la force et le paradis dans le Verbe, et les âmes des Saints dans la main de Dieu, et c'est pourquoi les souffrances ne les atteignent pas. En raisonnant sur les souffrances des pécheurs et sur l'enfer, ils croient que les âmes pécheresses marchent dans les ténèbres, en y aspirant leur perte subite et que l'enfer est basé sur la méchanceté. Quant à l'émigration des âmes après la mort, ils disent que l'homme se justifiera par ses actes, que l'œuvre conduit chacun à sa place, et qu'après la mort il n'y a déjà plus de repentir.

18º Les Doukhobors ne s'occupent pas de la résurrection générale des justes et des pécheurs, ils laissent cela à Dieu seul.

19° En général ils n'entrent pas volontairement, ou même pas du tout, dans l'explication des choses mystérieuses, avec les hommes qu'ils connaissent peu, ils se basent sur l'expression du saint Sauveur qui a dit : « Ne jetez pas de perles aux pourceaux. » Ils disent qu'il n'est pas encore temps de parler de ces choses qui bientôt seront connues de tous. De même, si on leur demande quand ils attendent l'arrivée du Christ, ils répondent qu'à en juger par les œuvres qui se font dans le monde, il viendra bientôt.

20° Ils ne croient pas nécessaire qu'un homme suive leur doctrine pour sauver son âme, ils disent que l'œuvre conduit au salut et que, pour cela, il faut seulement comprendre la voix du Seigneur et lui obéir.

21° D'après eux, les théâtres sont l'école de Satan, ou il assiste lui-même. Les danseurs, au théâtre ou ailleurs, sont comme les oies qui, au printemps, en bande, vont sauter sur l'herbe, mais qui restent des oies, n'ont aucune idée sur Dieu, et, l'hiver venu, s'asseoient et cachent leurs pattes.

22° Les Doukhobors ne voient point de péché à orner les chambres, au contraire, le chrétien, disent-ils, doit vivre proprement, convenablement (ils diffèrent en cela des autres paysans de leurs villages), il faut seulement veiller à ce que l'esprit ne soit pas attaché à ses ornements. Ils pensent de même, au sujet des tableaux, des portraits d'hommes célèbres et même des images des Saints ; selon eux, tels tableaux sont l'ornement de la maison, et font plaisir aux yeux, mais les adorer est un péché mortel.

23° Ils n'attachent aucune importance au port de la barbe et à l'emploi du tabac, car ni la barbe, ni l'abstinence du tabac ne font le chrétien ; alors, s'il est plus commode aux paysans de ne pas porter la barbe, pourquoi ne se raseraient-ils pas ?

24° Quand les Doukhobors vivaient en Russie en se cachant, la nécessité les forçait à suivre les pratiques extérieures de l'Église orthodoxe, mais comme ils ne les estimaient pas intérieurement, pour ne pas manquer à leur croyance, ils donnèrent à chaque cérémonie extérieure une signification particulière et des interprétations spirituelles. Par exemple, ils disent que la première hostie est l'accord à la foi juste ; la deuxième, l'amour non hypocrite ; la troisième, la dignité ; la quatrième, la communion ; la cinquième, la lumière.

Habitués à de telles expressions hiéroglyphiques des pensées, ils donnent aussi de l'importance morale à beaucoup d'autres objets, ainsi, à chaque jour de la semaine est rattachée une courte sentence morale : lundi, commencement des œuvres de Dieu ; mardi, deuxième naissance de l'homme ; mercredi, Dieu appelle les hommes au salut ; jeudi, respecter le Seigneur et ses Saints ; vendredi, chanter et glorifier son nom ; samedi, craindre le jugement du Seigneur et ne pas laisser périr son âme dans l'injustice ; dimanche, ressusciter des œuvres mortes et venir au royaume du ciel.

Sept ciels signifient chez eux sept vertus évangéliques : le premier ciel, l'humilité ; le deuxième, la raison ; le troisième, l'abstinence ; le quatrième, l'amour du prochain ; le cinquième, la miséricorde ; le sixième, le conseil ; le septième, l'amour ; là-bas vit Dieu.

De même, les douze vertus chrétiennes sont personnifiées chez eux comme douze amis.

1º La vérité — délivre l'homme de la mort.

2º La pureté — l'amène à Dieu.

3º L'amour — où est l'amour est Dieu.

4º Le travail — l'honneur pour le corps et l'aide pour l'âme.

5º L'obéissance — la voie directe au salut.

6º La bienveillance — le salut pour l'homme sans difficulté.

7º Le raisonnement — en haut de toute vertu.

8º La charité — Satan même en tremble.

9º La soumission — œuvre de Dieu même, le Christ.

10º La prière et le jeûne — unissent l'homme à Dieu.

11º Le repentir — il n'y a ni loi ni commandement plus haut.

12º La reconnaissance — joyeux pour Dieu et ses anges.

Qui comprend ces douze amis aura toujours douze anges qui porteront son âme au royaume du ciel.

Aux Doukhobors qui, en 1804, vinrent à Pétersbourg, afin de demander pour leurs frères le droit d'émigrer à

Molotchnia Vodi, on proposa de passer les fêtes de Noël dans la capitale et de se mettre en route après : « La fête nous importe peu, dirent-ils, elle est avec nous et en nous », et quand on leur demanda en s'installant à Molotchnia Vodi, d'y vivre doucement et modestement et de ne pas essayer de faire de conversions, ils répondirent :

« Le principal est déjà semé, nous n'avons plus à nous en occuper, et l'époque de la moisson est proche. »

1. ↑ Ce rapport officiel est le seul document authentique sur l'histoire des Doukhobors au commencement du XIXe siècle.

IV
MA CONNAISSANCE AVEC LES DOUKHOBORS

Avant de connaitre les Doukhobors, j'avais entendu dire d'eux ce qui en est dit dans les manuels de l'histoire de l'Église, où la secte des Doukhobors est mentionnée comme l'une des plus grossières et des plus nuisibles. Je trouvai des renseignements plus intéressants et plus exacts dans l'histoire de l'Église de F. Ternovsky[1], et j'en eus surtout de D. A. Khilkov, qui connut personnellement les Doukhobors lors de son service dans le Caucase, et qui a écrit *La doctrine des chrétiens spirituels* qui rappelle beaucoup celle des Doukhobors.

Mon intérêt pour eux augmentait de plus en plus, mais l'occasion de les connaître personnellement ne se présentait pas encore.

Au commencement des années 90, dans le journal *Niediéla,* parut l'information, empruntée à un journal du Caucase, que parmi les Doukhobors se manifestait un mouvement communiste très sérieux, si bien que le gouvernement venait d'arrêter et de déporter leur chef, P. V. Veriguine, et quelques autres membres influents de leur commune, dans la province Arkhangel. Cette nouvelle accrut l'intérêt que notre cercle portait aux Doukhobors, avec lesquels nous n'avions encore aucune relation personnelle, bien qu'un de nos amis, D. A. Khilkov, envoyé de nouveau au Caucase et non plus en service, mais en déportation, fût en relations plus ou moins directes avec eux.

Pendant l'hiver 1894-1895, une de nos connaissances, Izumtchenko, condamné à la déportation en Sibérie pour refus du service militaire, fut amenée dans la prison de Moscou, pour y attendre l'étape du printemps. Nous allions voir Izumtchenko le jeudi et le dimanche, jours de visites. Au commencement, nous le vîmes à travers les grilles et plus tard, quand il fut transporté dans la tour des prisonniers politiques, nous continuâmes à visiter un prisonnier de droit commun, D…, qui, dans la prison, s'était lié d'amitié avec lui et avait ressenti sa bonne influence.

Un jour de visite à la prison, E. I. Popov alla voir D… De retour à la maison, il raconta qu'il avait vu P. V. Veriguine derrière la grille, avec les prisonniers, et qu'il avait fait connaissance avec trois Doukhobors venus pour voir Veriguine.

Nous résolûmes de nous rendre tous à la prison, au prochain jour de visite. Mais Popov avait appris, des Doukhobors, que Veriguine partirait le lendemain en Sibérie par une étape spéciale, et qu'ainsi nous ne pourrions le voir. Il ne nous restait plus qu'une ressource : nous rendre chez les amis de Veriguine, c'est ce que nous fîmes. Le soir du même jour, vers trois ou quatre heures, nous allâmes à l'hôtel de Saint-Pétersbourg près de la Porte-rouge. L. N. Tolstoï qui, lui aussi, connaissait fort peu les Doukhobors, mais qui s'intéressait à eux, parce qu'il avait entendu parler du mouvement religieux qui s'accomplissait dans leur milieu, nous accompagnait.

Dans une vaste chambre de l'hôtel, nous rencontrâmes trois hommes de haute taille, vêtus d'habits fort beaux, mi-campagnards, mi-cosaques. et qui nous saluèrent avec amabilité et même avec quelque solennité. C'étaient les Doukhobors : le frère de Pierre Veriguine, V. V. Veriguine, V. G. Verischaguine, mort depuis en se rendant en Sibérie, et V. I. Obietkov.

Nous fûmes tous frappés de l'air digne de ces hommes, en qui se décelait sinon une particularité de race, au moins une particularité nationale. Aucun de nous n'a rencontré de tels hommes en dehors du milieu doukhobor.

L. N. Tolstoï les interrogea beaucoup sur leur vie et leurs opinions. Le temps passait très vite et le peu que nous savions de leur passé ne nous permettait pas d'entrer dans beaucoup de détails ; nous ne pouvions qu'échanger des phrases générales. À la plupart des questions de L. Tolstoï, sur la violence, la propriété, le végétarianisme, leurs réponses se trouvèrent en accord avec les idées de leur interlocuteur. Mais quand Tolstoï leur demanda comment ils mettaient cela en pratique, ils répondirent avec quelque mystère, que, chez eux, tout cela ne faisait que commencer, que, pour le moment, un petit nombre seulement pensait et vivait ainsi, mais que bientôt tous seraient d'accord.

Ils nous donnèrent quelques renseignements sur P. V. Veriguine. Nous apprîmes que sa déportation datait de sept ans, que son séjour à Chenkoursk avait semblé dangereux et que maintenant on l'envoyait en Sibérie (P. V. Veriguine y est actuellement). Un de ces trois Doukhobors, V. Obietkov, l'accompagna en Sibérie, et les deux autres retournèrent au Caucase en apportant à leurs frères Doukhobors le testament spirituel de leur guide.

Après une heure d'entretien avec eux, et leur ayant donné quelques livres et manuscrits qui nous semblaient pouvoir les intéresser, par exemple : *Le royaume de Dieu est en vous*, de L. Tolstoï, nous nous préparâmes à revenir à la maison. En leur disant adieu, L. Tolstoï leur demanda de nous tenir au courant de leur sort. Veriguine tira un carnet et, s'adressant à Tolstoï, demanda : « Veuillez, je vous prie, me dire qui vous êtes et à quelle adresse il faut écrire. » Tolstoï écrivit son adresse. J'ai maintes fois observé les rencontres de Tolstoï avec d'autres hommes et j'ai toujours remarqué une certaine émotion provoquée par son nom, je fus surpris de voir qu'il ne faisait aucune impression sur les Doukhobors. Évidemment, si même ils avaient déjà entendu le nom de Tolstoï, ils considéraient celui-ci comme un homme tout à fait ordinaire, comme chacun de nous, c'est-à-dire, comme tout homme leur exprimant quelque sympathie. Nous ne les revîmes jamais.

Bientôt nous apprenions, je ne sais plus par quelle voie, que nos trois connaissances étaient arrêtées : Veriguine et Verischaguine, peu après leur retour au Caucase, et Obietkov en revenant de Sibérie.

Leurs prédictions mystérieuses se sont réalisées. Au printemps 1895, nous apprîmes par les journaux le refus du service militaire de Lebediev et de ses compagnons, l'arrêt du conseil les condamnant au bataillon disciplinaire. Au mois d'août de la même année, Khilkov nous fit savoir qu'ayant brûlé solennellement leurs armes, les Doukhobors avaient été massacrés par les Cosaques. Cette nouvelle provoqua mon voyage au Caucase, chez les Doukhobors, et, dès lors, se sont établies entre nous les relations les plus intimes, ininterrompues jusqu'à ce jour.

Paul B<small>IRUKOV</small>.

Onex, 3 décembre 1900.

1. ↑ F. Ternovsky, professeur de l'Histoire de l'Église au séminaire et à l'Université de Kiev, au fur et à mesure de ses études, se sépara de l'orthodoxie ; ses cours, empreints de cet esprit, attirèrent l'attention des autorités ; il fut privé de sa chaire et mourut dans la pauvreté. Ses ouvrages sont une rareté bibliographique. — P. B.

V
Lettre à la Rédaction du *Times*

Monsieur,

« Je vous envoie, pour être insérée dans votre journal, une notice sur les persécutions dirigées, cet été, contre les sectaires du Caucase, les Doukhobors.

« Le moyen d'aider aux opprimés, et surtout aux oppresseurs qui ne savent pas ce qu'ils font, est unique : la publicité. L'exposé des faits au jugement de l'opinion publique, qui exprimera sa désapprobation pour les oppresseurs et sa sympathie pour les opprimés, arrêtera les premiers dans leur cruauté, souvent due à l'ignorance, et soutiendra le courage des seconds, qu'il consolera dans leurs souffrances.

« En Russie, la censure n'autorisera pas cet article, c'est pourquoi je vous l'adresse en vous demandant de l'insérer dans vos pages. Cette notice est écrite par mon ami, qui est allé sur place pour recueillir des renseignements exacts sur les événements passés, aussi peut-on absolument ajouter foi à ce qu'il rapporte.

« Ce fait que les renseignements contenus dans cette notice ne viennent que d'un seul côté, celui des opprimés, et que rien n'a été demandé aux oppresseurs, ne diminue pas leur exactitude.

« Les opprimés n'avaient nul besoin de cacher ce qu'ils ont fait, ils le proclament dans le monde entier, et comme les oppresseurs ne peuvent pas n'avoir pas honte des mesures qu'ils ont employées contre les opprimés, ils tâcheront, par tous les moyens, de cacher leurs actes. Nous avons soigneusement exclu tout ce qui, dans les récits des Doukhobors, pouvait paraître exagéré.

« Exacts et indiscutables sont les faits principaux racontés dans cette notice, à savoir : que les Doukhobors, en divers endroits, ont été, maintes fois, cruellement torturés ; qu'un grand nombre d'entre eux a été mis en prison, et que plus de 450 familles ont été complètement ruinées, puis chassées de leur logis, pour la seule raison qu'elles ne voulaient pas agir contrairement à leur croyance religieuse. Tout ceci est absolument indéniable et, même, ces faits, insérés dans plusieurs journaux russes, n'ont excité aucun démenti de la part du gouvernement russe.

« Léon TOLSTOÏ. »

VI
LES PERSÉCUTIONS CONTRE LES CHRÉTIENS EN RUSSIE EN 1895

« S'ils m'ont persécuté, ils vous persécuteront aussi. »

(JEAN, XV, 20.)

Cet été, nous avons reçu du Caucase la nouvelle de persécutions infligées à des hommes de ce pays, des sectaires, connus sous le nom de Doukhobors. On a écrit qu'ils ont été massacrés par les Cosaques, que quatre d'entre eux ont été tués pendant ces massacres, que des femmes ont été violées et que des villages entiers de mille âmes ont été ruinés, détruits.

Quelques renseignements au sujet de ces persécutions ont pénétré dans les journaux russes, sous la censure, et n'ont pas été démentis par le gouvernement. En l'absence d'une presse libre en Russie, on ne pouvait savoir ce qui était vrai ou non. Pour connaître la vérité, je me suis décidé à partir au Caucase, au lieu même des événements.

N'étant pas parti pour me promener, j'arrivai rapidement, sans arrêt. De Tiflis, par chemin de fer, je suis allé dans la direction de Bakou jusqu'à la station Ievlakh, et de là, à cheval, de nouveau au Nord, jusqu'au pied de l'un des sommets principaux du Caucase, à la ville de Noukha, l'un des lieux de déportation des sectaires russes, où j'espérais recevoir des renseignements détaillés sur la vraie situation des Doukhobors. Ayant appris à Noukha que les Doukhobors sont maintenant installés dans le district de Signach, je m'y suis rendu, et là, pendant mon séjour, j'ai vu beaucoup de Doukhobors, j'ai causé avec eux, et j'ai eu connaissance des détails qui sont racontés dans cette notice. Mais avant de dire ce que j'ai appris dans mon enquête sur les Doukhobors, je dois raconter ce que je savais et ce que j'ai su là, de l'origine, des croyances et de l'organisation de ces sectaires.

La secte des Doukhobors parut en Russie au milieu du XVIIIe siècle, et, maintes fois, pendant ce siècle, les Doukhobors subirent les persécutions et l'exil. Au commencement du XIXe siècle, ils s'installèrent dans la province de Tauride, et dans les années 40, par un décret de l'empereur Nicolas Ier, ils furent déportés aux provinces transcaucasiennes, et ils s'établirent dans la province de Tiflis, au district Akhalkalak, au lieu dit Montagnes-Mouillées, endroit malsain, rocailleux, à une altitude de 5060 pieds, et où la culture de l'orge est à peine possible.

Malgré les mauvaises conditions dans lesquelles se trouvait placée la colonie des Doukhobors, elle devint bientôt florissante, et une partie des Doukhobors dut émigrer dans la province d'Elisavetpol, une autre partie dans la province nouvellement conquise de Karsk.

Je n'exposerai pas en détails la doctrine religieuse des Doukhobors, mais voici quelles en sont les bases principales, d'après les conversations que j'ai eues avec les Doukhobors et d'après le meilleur livre relatif à leur doctrine : *Les Doukhobors, leur histoire et leur doctrine*, par Oreste Novitsky, 2ᵉ édit., 1882. Ce livre est autorisé par la censure.

« Les Doukhobors ne donnent pas une très grande importance au Christ, comme personnage historique ; il représente seulement l'image de ce que fait, dans l'âme de chaque Doukhobor, l'Esprit divin ou le Verbe. Les Doukhobors reconnaissent l'incarnation du Christ, ses actes, sa doctrine, ses souffrances, mais tout cela au sens spirituel, et ils affirment que le Christ doit se concevoir en nous, et en nous naître, grandir, enseigner, souffrir, mourir, ressusciter et monter au ciel.

« En se donnant à Dieu par l'esprit, les Doukhobors affirment unanimement que l'Église extérieure et tout ce qui se passe en elle, tout ce qui s'y rapporte n'a pour eux aucun sens, et n'est d'aucun profit. — Aller à l'église, disaient les Doukhobors de Tamboff, notre conscience ne le demande pas, et n'attend pas la sainteté de l'Église qui est mortelle et non éternelle.» Puisque, selon leur conception, la divinité est dans l'âme de chacun, en chacun doit être aussi l'église pour cette divinité. « Mon église — dit le cathéchisme des Doukhobors — n'est pas construite sur les monts, pas avec du bois ou des pierres, mais chez moi, dans mon âme. » Là où deux ou trois sont réunis au nom du

Christ, il y a une église. Répudiant l'Église extérieure, les Doukhobors n'ont nul besoin de ses mystères et de ses rites. Les icônes, ou, comme les Doukhobors les appellent, les symboles, ne sont pas tenus, par eux, pour sacrés et n'ont aucune importance. Dans l'un des psaumes des Doukhobors il est dit : « Nous ne saluons pas les images faites par les mains, nous ne voyons pas en elles la sainteté ; nous saluons l'image précieuse qui brille en nous. »

« Ils respectent les Saints, mais ne les prient pas, et n'invoquent pas leur aide, parce que ceux-ci n'ont agi envers Dieu que pour eux-mêmes ; de même les Doukhobors ne prient pas pour le salut des autres, car chacun ne peut prier que pour lui-même. À la naissance de l'enfant, on lui donne un nom chrétien sans aucune prière. Ils ne prient Dieu en commun qu'à certains jours de l'année ; ils ont quelques réunions pieuses au cours desquelles ils lisent leurs psaumes ou chantent des hymnes. »

Après chacune de ces réunions, les Doukhobors se saluent l'un l'autre, par le baiser et le signe de tête, pour exprimer l'adoration de l'esprit divin qui est en l'homme.

Les Doukhobors reconnaissent les Saintes Écritures comme d'origine divine, mais elles ne servent pas de base à leur doctrine religieuse. « De l'ancien et du nouveau Testament, disent-ils, nous prenons seulement l'utile. » C'est pour eux la doctrine morale. Ils rejettent ou tâchent d'expliquer dans un sens occulte, mystérieux, tout ce qui, dans les Saintes Écritures, ne correspond pas à leur façon de penser. Ainsi, ils attachent assez peu d'importance aux Écritures.

« La doctrine religieuse des Doukhobors est surtout basée sur la tradition. Cette tradition, transmise de père en fils, s'appelle chez les Doukhobors : *Le livre de la vie*. Elle s'appelle ainsi parce qu'elle est dans leur cœur et dans leur mémoire en opposition à notre Bible qui, selon eux, est lettre morte. *Le livre de la vie* est composé de ce que les Doukhobors appellent les psaumes. Ces psaumes ne sont eux-mêmes, en partie, que des versets tirés des deux Testaments, d'autres sont composés par les Doukhobors. *Le livre de la vie* compte une immense quantité de psaumes ; quelques-uns sont de création assez récente, et leur nombre s'accroît sans cesse. Aussi est-il impossible à un Doukhobor de les savoir tous, chacun en sait une partie, et pour connaître *le Livre de la vie* tout entier, il ne faudrait pas interroger un seul Doukhobor, mais tout le peuple parmi lequel il est dispersé. Pour reconstituer au complet *Le livre de la vie*, il faut pour ainsi dire faire l'addition des mémoires et des cœurs des Doukhobors. Ce livre est partiellement transmis de père en fils, verbalement, et il ne peut disparaître, même avec la fin du monde, puisque l'âme immortelle ne peut périr, plutôt se perdra notre Bible, le livre périssable, mortel ; c'est-à-dire que les paroles divines se perdront, comme cela s'est déjà produit dans l'exposé infidèle des évangélistes pour le sermon de Jésus-Christ, et par beaucoup d'erreurs introduites dans la Bible, grâce à la traduction inexacte de la langue dans laquelle se sont exprimés les prophètes, le Christ et les Apôtres. »

Les conceptions morales des Doukhobors sont les suivantes : tous les hommes sont égaux, et les distinctions extérieures n'ont aucune valeur. Les Doukhobors ont transporté sur les autorités gouvernementales cette idée de l'égalité. Les fils de Dieu, disent-ils, doivent faire eux-mêmes ce qu'il faut, sans contrainte, et, par suite, les autorités sont inutiles. Il ne doit exister sur terre aucun pouvoir ni spirituel, ni civil, parce que tous les hommes sont égaux et également soumis à la tentation des péchés. C'est pourquoi les Doukhobors ne se soumettent pas au pouvoir établi, sans toutefois se révolter contre lui. S'ils le respectent, c'est extérieurement, mais entre eux ils considèrent la soumission au gouvernement monarchique, et encore plus son existence, comme contraire à leurs principes.

Les tribunaux ne sont pas nécessaires aux enfants de Dieu. « Pourquoi faut-il des tribunaux, — disent-ils — à celui qui ne veut lui-même outrager personne ? » Le serment n'est pas permis, c'est pourquoi ils refusent de prêter serment en n'importe quelle occasion, et en particulier lors du recrutement. Ils ont pensé aussi qu'il ne leur était pas possible de porter les armes et de se battre contre l'ennemi, et ils l'ont mis en pratique au cours de la première guerre contre les Turcs : près de Perecop, tout le régiment de Vologotsk, formé de Doukhobors, jeta les armes.

Dans leurs relations sociales, ils sont doux, polis et un peu solennels. Ils mènent une vie laborieuse et honnête et sont remarquables par leur haute taille, leur force, leur beauté physique. Dans la vie de famille des Doukhobors, les relations entre parents et enfants sont également dignes d'attention. Les Doukhobors n'appellent pas père et mère ceux qui leur ont donné la vie ; le père, s'il est jeune, s'appelle tout simplement par son prénom : Ivan, par exemple, ou plus souvent le diminutif : Vania ; s'il est âgé : *Staritchok* (petit vieillard). Si la mère est jeune, les enfants l'appellent *Niania* (nou-nou) ; si elle est vieille : *Starouchka* (petite vieille). Ces noms ont chez eux leur sens simple, ordinaire : le père et la mère sont appelés petit vieux et petite vieille, parce qu'ils prennent souci, *staraioutsa* d'où *Staritchok*, ou sont obligés de se soucier du bonheur de leurs enfants, et *niania* parce qu'ordinairement la mère allaite ses enfants. Les parents ne disent jamais de leurs enfants « les miens », mais les « nôtres ». Les maris appellent leurs femmes « sœurs », et les femmes appellent leurs maris, « frères ».

La fraternité est extrêmement développée parmi les Doukhobors. Dans le village Gorelovka, du district Akalkalak, avec l'argent de toute la colonie, les Doukhobors avaient construit une grande maison de trois étages où étaient soignés les orphelins et les Doukhobors pauvres et malades, si bien que chez eux il n'y avait pas de mendiants. En dernier lieu, cette maison fut dirigée par Loukeria Vassilievna Kalmikova, veuve du précédent administrateur. Entre les mains de Loukeria Vassilievna se trouvaient tout le capital social et les divers biens. À sa mort, il y a environ treize ans, la gestion des biens, du capital social et de l'asile, devait être transmise au successeur qu'elle avait désigné elle-même de son vivant : Pierre Veriguine ; mais il n'y avait aucun document judiciaire confirmant ce droit. Le frère de Loukeria Vassilievna, Mr Goubanoff, déclara ses droits à l'héritage devant le juge de paix et hérita ainsi de tous les biens de la société. Cette injustice évidente causa une vive émotion parmi les Doukhobors qui se divisèrent en deux groupes ; l'un, le moins nombreux, auquel appartenait tout le village Gorelovka et une partie de la population des autres villages, défendait Goubanoff ; les autres Doukhobors du district d'Akalkalak et de la plupart des villages des provinces de Karsk et d'Elisavetpol, environ trois fois plus nombreux que ceux de l'autre groupe, soutenaient Pierre Veriguine ; le nombre total des Doukhobors du Caucase était d'à peu près 20.000.

Au commencement, le groupe le plus nombreux des Doukhobors essaya d'obtenir justice du gouvernement, et protesta par voie légale ; l'affaire fut traînée très longtemps d'une instance à l'autre, et, suivant les Doukhobors, grâce à des témoins vendus, le dernier jugement fut au profit de Goubanoff et de ses acolytes. Convaincus de l'iniquité de la décision, les Doukhobors résolurent d'agir eux-mêmes : ils réunirent un nouveau capital de 100.000 roubles, en égalisant les biens des riches et des pauvres, et confièrent la gestion de ce capital à Pierre Veriguine, autour duquel ils se serrèrent plus étroitement qu'avant.

Toute commune religieuse traverse d'ordinaire les phases suivantes : aussitôt que la Commune est formée, elle est en butte à des persécutions, et, dès que les persécutions cessent, elle retrouve rapidement le bien-être matériel ; mais en même temps qu'augmente ce bien-être, la conscience religieuse morale de la commune commence à faiblir ou du moins reste stationnaire. Ce fait est tout à fait contraire à ce qu'affirment les économistes très autorisés, qui croient que le niveau moral de la société est en pleine dépendance de son bien-être économique, et c'est celui qui se produisit avec les Doukhobors installés au Caucase. En s'enrichissant, ils commencèrent à se relâcher dans l'accomplissement des exigences morales de leurs lois ; ils cessèrent d'être sobres dans leur vie, ils commencèrent à fumer, à boire, à recourir aux tribunaux, et principalement, se soumirent aux exigences du gouvernement, contraires à leur croyance, et même prirent part au service militaire.

Mais l'affaire Goubanoff et l'iniquité du jugement des autorités réveillèrent les Doukhobors, et, sous l'influence de Pierre Veriguine et des meilleurs d'entre eux, ils revinrent à la pratique de leur croyance. Ils cessèrent de fumer, de boire du vin, de manger de la viande et commencèrent à partager leurs biens.

À ce moment, sur les dénonciations d'un petit groupe, Pierre Veriguine, qui était le principal auteur de la rénovation des Doukhobors, et avec lui quelques meilleurs hommes de leur commune étaient accusés de révolte et déportés à Kola et dans d'autres villes de la province d'Arkhangel. Cette mesure ne fit que rehausser, aux yeux de la commune, l'influence de Veriguine. Celui-ci, du lieu de sa déportation, continua à diriger le mouvement religieux parmi les Doukhobors, et le gouvernement en ayant eu connaissance, envoya Veriguine de la province d'Arkhangel, dans un des plus terribles endroits de la Sibérie : Obdorsk. Le transfert de Veriguine, d'Arkhangel en Sibérie, eut lieu pendant l'hiver 94-95 ; à Moscou, il vit son frère Vassili Veriguine et son cousin germain Vassili Veretchaguine (tous deux actuellement en prison) venus exprès du Caucase. De retour dans leur commune, ceux-ci transmirent, de la part de Pierre Veriguine, une proposition qu'adopta la majorité : refuser le serment, le service militaire et toute participation à la violence gouvernementale, et détruire toutes les armes.

De ce jour, les Doukhobors refusèrent de participer au service militaire. Le premier qui donna l'exemple fut Mathieu Lebediev, Doukhobor qui servait à Elisavetpol, dans le bataillon de réserve. Pour ses mérites, son honnêteté, son habileté, Lebediev avait été promu aux fonctions de sous-officier, malgré les règlements, puisque, selon la loi, les Doukhobors ne pouvaient qu'être simples soldats.

Le jour de Pâques de 1895 fut choisi pour le refus. Une particularité singulière de la doctrine des Doukhobors est celle-ci : bien qu'ils ne reconnaissent pas l'Église, ils observent les fêtes liturgiques, qu'ils interprètent symboliquement à leur façon ; ainsi le jour de Pâques étant, chez eux aussi, une fête, fut-il choisi exprès.

Selon la coutume, tout le bataillon devait aller à l'Église, puis ensuite participer à une parade religieuse. Les Doukhobors, comme sectaires, pouvaient ne pas aller à l'église, mais attendre à une certaine place et prendre part à la parade. Mathieu Lebediev déclara à ses coreligionnaires, qui servait dans le même bataillon que lui, qu'il ne fallait pas aller à la parade, puisqu'aujourd'hui même ils étaient décidés à ne plus servir. Les dix Doukhobors y consentirent et restèrent à la caserne. Quand, au cours de la parade, les chefs remarquèrent l'absence de Lebediev et de ses dix amis, ils les envoyèrent chercher par un soldat d'ordonnance. Celui-ci rapporta que les Doukhobors refusaient de se rendre à la parade ; alors on envoya vers eux un sous-officier. Arrivé près des Doukhobors, il se mit à menacer et à injurier Lebediev. Celui-ci déclara très simplement, « que lui et ses camarades ne sont pas allés à la parade, car ils ont décidé de ne plus servir, le service militaire leur semblant opposé à la doctrine du Christ qu'ils professent ». Mais malgré les injures et les menaces de punitions du sous-officier, Lebediev, pour confirmer sa décision, prit son fusil et le lui remit en renouvelant son refus. Le sous-officier, effrayé de cette décision, changea de ton, commença à demander pardon pour ses injures et exhorta Lebediev à réfléchir, et à revenir sur sa décision. Mais Lebediev fut inébranlable. Sur ces entrefaites, les troupes revinrent de la parade et l'acte de Lebediev fut porté à la connaissance des autorités. Les camarades de Lebediev, les Doukhobors appartenant à d'autres bataillons, furent aussitôt envoyés en divers postes ; on voulait les éloigner de Lebediev ; ne connaissant pas encore le refus de celui-ci, ils obéirent. Le chef de bataillon, qui aimait beaucoup Lebediev, fit tout son possible pour le convaincre : après la persuasion vinrent les menaces, mais elles n'eurent pas plus d'effet. Alors le chef de bataillon donna l'ordre de l'arrêter, et il fut conduit dans un cachot souterrain appelé « le fossé », où on le tint pendant neuf jours en ne lui donnant que du pain et de l'eau, et pas toujours en quantité suffisante. Pendant ce temps, les dix autres Doukhobors, en revenant du poste, et en apprenant que Lebediev avait jeté les armes et était en prison, remirent aussi leurs fusils au sous-officier et déclarèrent qu'ils refusaient de servir, parce que c'est contraire au service de Dieu et à la doctrine chrétienne.

Ils furent mis en prison, mais à part de Lebediev, et on évita soigneusement toute communication entre eux. Néanmoins, cet isolement ne fut pas obtenu, car tous les soldats étaient du côté des prisonniers, et ainsi, par ses conseils, Lebediev put soutenir le courage de ses frères spirituels.

L'affaire fut portée devant les tribunaux ; pendant l'instruction, on tâcha d'agir sur les Doukhobors par des menaces de mort, mais ils persistèrent dans leur refus. Ils s'étaient tellement habitués à la pensée de la mort, qu'ils furent tout surpris de l'arrêt qui leur conservait la vie. Le jugement avait eu lieu à Tiflis, le 16 juin ; les Doukhobors furent envoyés aux bataillons disciplinaires, Lebediev pour trois années, les autres pour deux. Le procureur du Conseil de guerre, mécontent de l'arrêt de la Cour, a fait appel à l'instance supérieure et l'affaire n'est pas encore finie ; personne ne sait quel sort attend ces hommes ; pour le moment, ils sont à la prison militaire de Tiflis. Je les y ai vus, mais très rapidement; ils sont tous très braves, ont l'air gai et bien portant, comme s'ils attendaient une fête.

Après ce cas, l'un après l'autre se succédèrent, de la part des Doukhobors, les refus de se soumettre au service militaire. Ainsi, dans la petite ville d'Olta, de la province de Karsk, sur la frontière turque, six soldats doukhobors refusèrent de servir : un à Karsk ; cinq à Akalkalaki; deux à Diligane. En outre, à Karsk, quatre soldats orthodoxes, gagnés par ces exemples, jetèrent aussi leurs armes, un orthodoxe fit de même à Tiflis et un autre à Mangli. Ces deux derniers refusèrent de servir après la réception des lettres de leurs parents, par lesquelles ceux-ci les prévenaient qu'ils professaient désormais la religion vraie des Doukhobors, qu'ils regardaient le service militaire comme un péché et qu'ils demandaient à leurs enfants de refuser de servir dès qu'ils apprendraient que des soldats doukhobors jettent leurs armes. C'est ce qu'ils firent. Tous ces hommes sont actuellement en prison.

Comment les autorités ont-elles accueilli les refus en d'autres endroits ?

Les Doukhobors le racontent comme il suit.

Les cinq hommes qui, à Akalkalaki, refusèrent de servir, furent conduits sur la place de la prison; là on les fit mettre en rang et des Cosaques s'approchèrent d'eux. On ordonna aux Cosaques de descendre de cheval et de charger leurs fusils. Voyant cela, les Doukhobors demandèrent la permission de prier ; on la leur accorda. Leur prière achevée, l'officier commanda : « En rang ! » et il les laissa ainsi quelques minutes ; les Doukhobors, tranquilles, attendaient le commandement « En joue ! » mais ordre fut donné aux Cosaques de poser les armes. On proposa ensuite aux Doukhobors de prendre les fusils et de continuer leur service; mais ils refusèrent ; alors il fut ordonné aux Cosaques de remonter sur leurs chevaux, de tirer leurs épées et de se précipiter sur les Doukhobors. Les Cosaques s'approchèrent et agitèrent leurs épées au-dessus des têtes des Doukhobors, comme pour les en frapper, mais ils ne les touchèrent pas. Les Doukhobors persistèrent dans leur décision, et on commença à les fouetter à coups de nogaïka.

J'ai appris que les autorités, à Karsk et à Elisavetpol, avaient agi de même ; mais ne tenant pas ces récits de source directe, je ne les répéterai pas ici.

Quand les Doukhobors refusent de servir, ils donnent brièvement la cause de leur refus. Voici les simples et courtes phrases, mais pleines de sens chrétien, par lesquelles les Doukhobors expliquent leur refus d'accomplir le service militaire.

Demande. — Pourquoi ne voulez-vous pas servir l'Empereur ?

Réponse. — Je voudrais faire la volonté de l'Empereur, mais il apprend aux hommes à tuer et mon âme ne le veut pas.

Demande. — Pourquoi ne le veut-elle pas ?

Réponse. — Parce que le Sauveur a défendu de tuer les hommes, et je crois au Sauveur et remplis la volonté de Dieu.

Demande. — Qui es-tu ?

Réponse. — Chrétien.

Demande. — Pourquoi es-tu chrétien ?

Réponse. — Par la foi en la parole du Christ, l'esprit vivant du chrétien ne peut faire et ne fera pas vos œuvres. « Après cela, — ajoutait le Doukhobor qui m'a donné ces renseignements, — les chefs ne peuvent plus rien obtenir de nous. »

Ainsi, au printemps de cette année, la décision prise par les Doukhobors de ne plus entrer au régiment et de ne pas obéir aux autorités, en ce qui est contraire à la doctrine du Christ, fut confirmée de nouveau.

Bientôt des chocs se produisirent entre les Doukhobors et les autorités. Je citerai les plus caractéristiques d'entre eux.

Dans le village doukhobor Rodionovka, on amena un prisonnier qui, par étapes, devait être conduit plus loin. Le tour de conduire le prisonnier tomba sur Fiodor Lebediev, le frère de Mathieu, qui avait refusé de servir à Elisavetpol.

Fiodor Lebediev déclara au starosta qu'il ne pouvait conduire le prisonnier, puisque, ne pouvant exercer contre lui aucune violence, son office devenait tout à fait inutile, et il pria le starosta d'en informer les autorités. Le starosta répondit : « Je ne suis pas votre dénonciateur, ça c'est ton affaire, j'amènerai le prisonnier dans ta cour et tu feras de lui ce que tu voudras ».

Fiodor Lebediev revint chez lui, et il était dans son izba quand le starosta lui amena le prisonnier. Fiodor Lebediev traita le prisonnier comme un voyageur ; il le fit chauffer, lui donna à boire et à manger, et le garda la nuit pour dormir. Le matin, voyant que le prisonnier était un homme très pauvre, il lui donna rouble 50 copées et lui proposa de le conduire hors du village. Quand ils furent sortis du village, Lebediev montra au prisonnier deux routes : l'une dans la direction de son étape, l'autre, la route libre, et il lui laissa le choix; le prisonnier prit la première et arriva à destination. Ce cas n'eut pas de suite regrettable.

Le Doukhobor Andréi Popoff, du village Orlovka, fut élu aux fonctions de starosta. Quand l'ancien starosta voulut lui remettre les livres, les cachets et lui expliquer ses devoirs, Andréï Popoff déclara que ce n'était pas là une œuvre juste, qu'il ne remplirait par ces fonctions et il refusa. Aussitôt il fut arrêté. Il est actuellement en prison à Tiflis.

Quand l'arrêt du gouverneur de Tiflis fut connu au village des Doukhobors, treize de ceux-ci furent appelés par les autorités pour cerner la route à des brigands ; ils devaient partir armés et partirent sans armes. À la question du chef de district, qui leur demandait pourquoi ils étaient venus sans armes, ils répondirent que les armes ne leur étaient pas nécessaires, puisque, s'ils rencontraient un brigand, ils ne tireraient pas sur lui et même ne le frapperaient pas, mais essayeraient seulement de le convaincre par les paroles ; et en même temps ils expliquèrent qu'ils refusent tout service au gouvernement. Ils furent arrêtés et ils sont encore à la prison de Tiflis. Dans la prison d'Elisavetpol, il y a 120 Doukhobors, la plupart, arrêtés pour refus du service militaire, et les autres pour refus de fonctions de starosta, d'autres pour avoir été les instigateurs de diverses désobéissances.

Beaucoup d'entre eux, en recevant à la prison l'ordre d'enlever leurs vêtements, refusèrent, alléguant qu'habitués à leurs habits ils ne trouvent pas nécessaire d'en changer. On les leur enleva de force ; puis on leur ordonna de prendre l'habit de prison, ils refusèrent de nouveau et répondirent que cet habit ne leur était pas nécessaire puisqu'ils en avaient à eux, et que l'habit de la prison ne leur semblait pas convenable. Ils sont restés dans leur linge, et de plus ils ont refusé toute nourriture fournie par la prison, sauf le pain et l'eau.

Ainsi continuent à agir les Doukhobors, refusant, en maintes occasions, d'obéir aux autorités.

Mais tout cela n'était que le premier pas, il y manquait encore la consécration générale, solennelle, de leur refus de participer à toute violence ; ils la firent en décidant de détruire toutes les armes qui se trouvaient en leur possession.

Pour apprécier complètement un tel acte, il faut comprendre l'importance des armes au Caucase. Le port des armes, au Caucase, est non seulement, pour chaque homme, affaire de convenance, mais de nécessité. On prend des armes aussi bien pour se promener en ville, que pour faire des visites, et même pour aller à son travail, afin de se défendre des attaques des animaux et des brigands, aussi la destruction des armes était-elle pour les Doukhobors d'une importance capitale. La destruction des armes exprimait le désir réel de supporter toutes les conséquences de la non-résistance au mal par la violence, de tout souffrir plutôt que de se permettre la moindre violence contre un homme.

On décida donc de brûler les armes, et le moment choisi pour cet acte fut la nuit du 28 au 29 juin, la nuit de la saint Pierre et saint Paul. L'autodafé des armes eut lieu en même temps dans les provinces de Karsk, d'Elisavetpol et dans le district d'Arkalkalaki de la province de Tiflis.

« Dans la province de Karsk, — m'a raconté un Doukhobor, témoin de la destruction des armes, — les vieillards ne nous ont pas dit quel endroit était choisi pour le bûcher, afin qu'il n'y eût pas de bavardages inutiles pouvant compromettre la décision. Les vieillards nous donnèrent l'ordre de nous grouper en quatre endroits différents, afin de dérouter les autorités. Celles-ci, déjà informées, envoyèrent la police qui courut aux quatre endroits désignés, mais s'éloigna tranquille, n'ayant rien trouvé.

« La nuit venue, les vieillards nous indiquèrent la place du bûcher et nous y allâmes tous, emportant toutes les armes qui devaient être brûlées. Le lendemain, l'inspecteur de police, accompagné de la garde à cheval, s'empara du reste.

« Après cela, nos réservistes ont commencé aussi à refuser de servir et sont venus remettre leurs livrets. Soixante hommes à la fois firent cette déclaration, quinze seulement furent mis en prison et relâchés peu après. »

Dans la province d'Elisavetpol, l'autodafé des armes se fit aussi sans grave accident ; dans le district d'Akalkalaki, il y eut un conflit entre les Doukhobors et les autorités. Je transcris presque littéralement le récit que m'en a fait l'un des participants :

« Nous avons décidé, — m'a raconté un vieux Doukhobor, — de ne plus servir, et de n'obéir ni à l'Empereur, ni à aucune autorité, mais de servir exclusivement Dieu, de marcher dans sa voie pour arriver à la vérité. Nous avons aussi résolu de ne faire à personne aucun mal et aucune violence, et à plus forte raison de ne pas tuer un homme, ni aucun être vivant, même le plus petit oiseau. Alors les armes nous sont devenues complètement inutiles, c'est pourquoi nous avons décidé de les détruire afin qu'elles ne servent pas à d'autres hommes pour faire le mal. Nous avons choisi d'un commun accord le jour de Pierre et Paul, et l'avons fait savoir dans tous nos villages.

Nous n'avons laissé dans nos maisons que les couteaux, et nous avons rassemblé et porté à l'endroit préparé à l'avance toutes les armes destinées au meurtre. L'endroit choisi était depuis longtemps celui de nos grandes assemblées de prières et s'appelle « l'antre », Là-bas, en effet, se trouve un trou dans le rocher. Cet endroit est à trois verstes. d'Orlovka et un peu plus loin des autres villages. Nous nous sommes tous assemblés là, et avec nos armes, du bois et du charbon, nous avons dressé un bûcher que nous avons arrosé de pétrole. Le bûcher préparé, nous y avons mis le feu.

« Deux mille hommes environ étaient réunis. Ayant craint que les autorités ne missent entrave à nos projets, nous n'avions pas informé tout le monde de nos desseins, et, en effet, tout se fit sans obstacle.

« Des habitants des villages voisins, des Arméniens, sont venus voir l'incinération de nos armes, mais de la nuit personne ne nous dénonça, et vers le matin le bûcher s'éteignit. Alors nous avons commencé à prier, à chanter des psaumes. Les prières terminées, chacun regagna sa maison et attendit les mesures que prendraient les autorités. Mais toute la journée se passa tranquillement. Le soir, nous nous rendîmes de nouveau au même endroit, et il fut décidé de brûler tous les débris afin que personne n'en pût rien tirer. On apporta du charbon, un soufflet pour aviver la flamme et fondre les parties métalliques. La nuit se passa sans incident. Dès que parut l'aube, nous commençâmes les prières. La foule était plus nombreuse, il y avait des femmes, des adolescents, ceux qui habitaient loin étaient venus en charrettes. Comme je vous l'ai dit, nous avions gardé secrète entre nous notre intention de brûler nos armes, afin qu'on ne nous en empêchât pas ; et nos voisins, les Doukhobors qui n'étaient pas d'accord avec nous, soupçonnèrent que nous avions l'intention de faire quelque chose avec les armes, mais ils ne savaient quoi, et ayant appris que nous les rassemblions, ils pensèrent que nous voulions piller l'asile, qui avait été cause de nos discussions intestines.

« Comme nous nous attendions à être chassés ou déportés pour notre refus de servir le gouvernement, quelques-uns d'entre nous avaient fait des préparatifs en conséquence. Des jeunes gens avaient acheté des pelisses courtes, et à nos ennemis, tous ces préparatifs semblaient faits en vue de la révolte et du pillage.

« Ils avaient si peur d'une attaque, qu'ils nous dénoncèrent aux autorités, et dans le village Gorielovka, peuplé des Doukhobors de la minorité, deux bataillons d'infanterie furent envoyés d'Alexandropol, et deux centaines de Cosaques d'Ardagane. Ainsi les troupes étaient déjà préparées et le gouverneur se rendit où l'on supposait qu'aurait lieu la révolte. Arrivé à Gorielovka, le gouverneur envoya des émissaires dans les sept villages, afin que tous marchent vers Bogdanovka, où habitait l'inspecteur de police et où il avait l'intention de se rendre lui-même.

« Ceux de nous qui ne s'étaient pas rendus à la prière commune s'y rendirent, et le matin du 30 juin, nous avons tous prié et attendu ce qui allait arriver. Un envoyé vint nous donner l'ordre de nous rendre à Bogdanovka, chez le gouverneur. Comme nous avions décidé de n'obéir à aucune autorité sauf à Dieu, les vieillards répondirent : « Maintenant, nous faisons nos prières et avant qu'elles soient finies nous n'irons nulle part ; si le gouverneur veut nous voir, qu'il vienne chez nous, nous sommes mille, il est un. » L'envoyé s'éloigna et nous continuâmes à prier et à chanter nos psaumes. Un deuxième envoyé se présenta, on lui répondit la même chose. Il fut alors décidé entre nous, qu'une fois nos prières terminées, nous irions tous chez le gouverneur pour savoir ce qu'il voulait de nous.

« Notre prière n'était pas encore finie que les gardiens, que nous avions désignés, nous avertirent de l'approche des Cosaques. Aussitôt nous nous groupâmes en masse compacte et nous attendîmes. Les Cosaques s'approchèrent de nous, le commandant marchait en avant. Quand il fut près de nous, il cria : hourra ! et sa troupe se jeta sur nous. Et les Cosaques commencèrent à nous frapper n'importe où, les chevaux nous piétinaient, ceux de nous qui étaient à l'extérieur du groupe étaient battus vigoureusement, les autres étaient presque étouffés.

Les Cosaques nous frappèrent longtemps, enfin ils s'arrêtèrent et le commandant cria : « Marche ! Chez le gouverneur ». Alors un vieillard lui dit :

« — Pourquoi n'as-tu pas dit cela d'avance, nous étions déjà prêts à y aller, pourquoi nous avoir frappés ? »

« — Ah ! tu oses parler », cria le commandant, et de nouveau avec les Cosaques il se jeta sur nous. Nous fûmes battus à coups de fouet et pendant longtemps, quelques Cosaques même en avaient honte ; et deux Cosaques, au lieu de nous frapper, faisaient siffler leurs fouets en l'air sans toucher personne. Le sous-officier s'en aperçut et prévint le commandant, et celui-ci s'approchant de l'un d'eux cria :

« — Tu trompes le tsar ! »

« Et il le frappa si fortement au visage que le sang jaillit de son nez. Enfin on cessa de frapper et nous tous, meurtris et sanglants, serrés les uns contre les autres, allâmes chez le gouverneur. Les femmes marchaient avec nous ; mais les Cosaques les éloignèrent en disant qu'il ne fallait pas de femmes ; celles-ci répondirent qu'elles suivraient partout leurs frères spirituels. Le commandant donna l'ordre de les battre par le fouet, mais elles crièrent que, dût-on les couper en morceaux, elles suivraient quand même.

« Les Cosaques les laissèrent.

« Nous étions déjà un peu loin, quand nous nous rappelâmes que nous avions laissé nos charrettes et que personne ne les gardait, alors les Cosaques commencèrent de nouveau à nous battre, et voulurent envoyer les femmes dans les charrettes, mais cette fois encore elles refusèrent, et quelques hommes, un par fourgon, furent envoyés pour conduire les chevaux, et nous nous dirigeâmes vers Bogdanovska où nous devions trouver le gouverneur. Tout en marchant, nous commençâmes à chanter nos psaumes, le commandant nous fit cesser et ordonna aux Cosaques de chanter des couplets si obscènes, qu'on avait honte de les entendre.

« Près de Bogdanovska, le commandant nous fit arrêter, car il venait de s'apercevoir que le gouverneur était derrière nous, en voiture, allant de Gorielvka à Bogdanovska. Le gouverneur était encore loin quand le commandant nous cria :

« — Découvrez-vous. »

« Les vieillards lui répondirent :

« — Pourquoi ôter nos chapeaux ? Il s'approchera, dira bonjour et alors nous lui répondrons ; peut-être ne saluera-t-il pas, et alors, pourquoi enlever nos chapeaux ? »

« À ces mots, le commandant cria à ses Cosaques :

« — Les fouets, hourra ! »

« Et de nouveau les Cosaques nous frappèrent jusqu'au sang et jusqu'à un tel point que l'herbe, à l'endroit où nous étions, toute rougie. Non seulement les Cosaques nous frappaient à coups de fouet, mais par le visage, avec les nogaïki, en tâchant de faire tomber nos chapeaux ; et celui qui n'avait plus de chapeau était mis dans un groupe à part. Le gouverneur arriva ; en voyant comment nous étions battus, il dit au commandant :

« — Pourquoi les avez-vous battus, je ne l'avais pas ordonné ? »

Le commandant répondit :

« — Pardon, Votre Excellence. »

« Et il arrêta la punition. Le gouverneur se rendit à Bogdanovka et là il réunit ceux qui n'étaient pas à la prière générale, il commença à les injurier. Alors l'un d'eux, Fiodor Mikhaïlov Schlakov, sortit son billet de soldat et le rendit au gouverneur en disant qu'il ne servirait plus. Le gouverneur fut si irrité qu'il le frappa lui-même avec un bâton. Après cela, tous les autres ont déclaré qu'ils ne serviraient plus et n'obéiraient plus au gouvernement.

« Le gouverneur ordonna à l'un des Cosaques de sortir son fusil de l'étui. Voyant qu'on se préparait à tirer sur eux, les frères sont tombés à genoux en disant :

« — Que Dieu vous pardonne et qu'il nous pardonne ! »

« Mais le gouverneur ordonna de rengaîner le fusil et de nous battre à coups de fouet ; ce qui fut fait. Quand nous fûmes tous arrivés à Bogdanovka, les greffiers appelèrent tous les chefs de famille, qu'on laissa partir chez eux. »

Ensuite commença le cantonnement des soldats dans les villages doukhobors. Cette mesure s'emploie comme punition à l'occasion des révoltes populaires ; elle consiste à envoyer, dans les villages rebelles, un détachement de soldats qui vivent dans les maisons des habitants ; on donne aux soldats le droit de profiter des biens des habitants et de traiter le village en pays conquis. La cruauté de cette mesure dépend de la licence laissée par les autorités aux abus et au sans-gêne des soldats cantonnés. Il était difficile d'attendre quelque adoucissement de la part du commandant qui, avec ses Cosaques, avait torturé des hommes tout à fait innocents.

« Deux cents Cosaques, — m'a raconté le même Doukhobor, — furent dispersés dans nos villages ; ils restèrent trois jours dans chaque village, envahirent les maisons, les cours et emportèrent tout ce qu'ils voulurent ; à la moindre objection de notre part, ils nous frappaient de leur fouet. Ils demandaient de nous des marques de déférence, et si nous négligions de les saluer, ils nous battaient. Ils ont emporté toutes nos volailles ; après leur départ, il n'en restait pas une.

« Comme on ne nous permettait pas de sortir de nos Villages, nous ne pouvions savoir ce qui se passait dans les autres, mais nous avons entendu dire qu'à Bogdanovka les Cosaques ont été particulièrement cruels, des femmes ont été violées ; les autorités n'empêchaient rien. À Orlovka, des Cosaques sont entrés dans une izba où était une femme, Maria Tcherkhachova ; elle cousait ; les soldats lui demandèrent :

« — Où est le maître ? »

« — Je ne sais », répondit-elle.

« — Comment ? tu ne sais pas ! tu es la ménagère et tu ne sais pas où est ton maître ? »

« À cela elle répondit :

« — Mais oui, et si vous n'étiez pas là, je ne saurais pas non plus où vous êtes. »

« Et sans bouger elle continuait à travailler. Alors les Cosaques la traînèrent dans la rue et la frappèrent à coups de fouet.

« Un vieillard de soixante ans, Cyrille Konkine, fut fouetté si cruellement qu'il en mourut.

« À Bogdanovka il y avait un Doukhobor, Vassilï Posnikoff, qui autrefois avait été soldat ; quand les Cosaques vinrent loger dans le village, le sous-officier entra dans l'izba de Posniakoff et, l'ayant reconnu, le salua : Posniakoff répondit :

« — Bonjour. »

« — Pourquoi ne me fais-tu pas le salut militaire ? » demanda le sous-officier.

« — Parce que je ne suis plus militaire et que je ne le serai plus jamais. »

« Le sous-officier donna ordre de le fouetter, puis le salua de nouveau en exigeant la réponse militaire. Posniakoff refusa encore ; il fut fouetté de nouveau, et ainsi trois fois de suite. Il fut tellement battu qu'un mois après il en était encore malade.

« Au village Radionovka, pendant le cantonnement, les Cosaques ont fouetté deux Doukhobors : Nicolas Slépov et Iegor Kadikine, dans les circonstances suivantes.

« Au village Romachevo, la plupart des Doukhobors appartenaient au parti de la minorité, mais dans une famille, le fils de Nicolaï Sliepov, sa femme, sa sœur et sa mère voulurent venir chez nous et recommencer une nouvelle vie. Ils cessèrent de boire de l'eau-de-vie, de fumer, de manger de la viande ; le père fit des objections et obligea sa famille à vivre comme autrefois. Ils s'adressèrent à nous, demandant de l'aide, nous leur avons dit de venir chez nous, même si le père ne leur donnait rien, qu'ils viennent nus, et que nous les habillerons et sauverons leur âme. On convint de les envoyer chercher en charrette, le Doukhobor Iegor, Kadikine s'en chargea. On emmena d'abord la mère et la sœur et ensuite Nicolas Sliepov et sa femme. Le père resta seul et se plaignit aux autorités. Quand les Cosaques logèrent à Rodionovka, quelqu'un signala au capitaine, Nicolaï Sliepov et Iegor Kadekine ; le capitaine ordonna d'administrer à chacun cent coups de fouet. »

Ces quelques cas que j'ai signalés caractérisent suffisamment la conduite des troupes pendant le cantonnement. Quand les Cosaques furent partis, on se mit à chasser les Doukhobors de leurs villages, d'abord cinq familles de chaque village, ensuite dix à quelques jours d'intervalle. Après l'ordre d'expulsion, on donna aux Doukhobors un délai de trois jours, pendant lesquels il fallut faire les malles, vendre les biens, et se préparer à la route. On vendait pour rien : ce qui valait cinquante roubles fut cédé à cinq, on jetait ce qu'on ne pouvait vendre, ce fut ainsi la ruine complète. On dut laisser beaucoup de bétail et du blé qu'on n'eut pas le temps de récolter. Quatre cent soixante-quatre familles furent ainsi chassées du district d'Akalkalaki, et dispersées dans quatre districts de la province de Tiflis, dans les villages des Grouzines, deux, trois, cinq familles dans chaque village, sans un morceau de terre, et avec la défense de s'aider entre elles. Les Doukhobors vendirent peu à peu tous leurs biens et travaillèrent pour les Grouzines, gratuitement pour les pauvres, à des prix modiques pour les riches, et malgré leur ruine, ils aidèrent quand même aux plus pauvres.

J'ai vu beaucoup de ces hommes grands, robustes et doux, en les regardant et en les écoutant, je me suis rappelé involontairement les théories sociales si compliquées, les nombreux volumes d'Économie politique, les noms des célèbres agitateurs politiques et des hommes d'État. Je voulais comparer l'importance de l'activité des uns à celle des autres ; elle semble bien insignifiante cette doctrine des Doukhobors parmi toutes ces fameuses théories, et pourtant n'est-ce pas aux Doukhobors et à leurs émules que semble se rapporter l'exclamation de Jésus-Christ : « Je te loue, ô Père, Seigneur du ciel et de la terre, de ce que tu aies caché ces choses aux sages et aux instruits et les aies révélées aux enfants. Oui, mon Père, cela est ainsi parce que tu l'as trouvé bon. » (*Matthieu*, XI, 25-26.)

P. B<small>IRUKOV</small>.

Jasnaia Poliana, 10 septembre 1895.

VII
POSTFACE À LA BROCHURE DE BIRUKOV

> « Vous aurez des afflictions dans le monde, mais prenez courage, j'ai vaincu le monde. » (Jean, XVI, 35.)

Les Doukhobors installés au Caucase ont subi de cruelles persécutions de la part des autorités russes, et ces persécutions, décrites dans ces pages, d'un homme qui est allé sur place pour en étudier tous les détails, durent jusqu'à présent.

Les Doukhobors ont été battus, fouettés, piétinés par les chevaux ; les Cosaques qui ont été cantonnés chez les Doukhobors se sont permis contre eux, avec l'assentiment des autorités, des violences de toutes sortes. Et enfin, torturés physiquement et moralement, ces hommes qui, après dix années de travail, s'étaient fait un certain bien-être, ont été chassés de leurs demeures et installés sans terre et sans ressource dans les villages des Grouzines.

La cause de ces persécutions est celle-ci. Grâce à diverses influences, au cours de l'année 1895, les trois quarts des Doukhobors, c'est-à-dire 15.000 hommes, revenant avec une nouvelle force à leur ancienne croyance chrétienne, ont décidé de réaliser la loi du Christ, la loi de non-résistance au mal par la violence. Cette décision les a conduits, d'une part à détruire leurs armes, estimées comme si nécessaires au Caucase, et, par suite, à renoncer à toute possibilité de résistance par la violence, et à s'abandonner au pouvoir de toute violence, et, d'autre part, à ne participer en aucun cas à aucune œuvre de violence exigée d'eux par le gouvernement, c'est-à-dire à ne participer ni au service militaire, ni à tout autre service qui demande la violence.

Le gouvernement ne pouvait admettre que quelque mille hommes s'affranchissent des obligations établies par la loi, et la lutte commença. Le gouvernement demande le respect de ses lois, les Doukhobors n'obéissent pas, il ne peut céder, d'autant qu'au point de vue terrestre, ce refus des Doukhobors de se plier aux exigences du gouvernement n'a aucune excuse loyale et s'oppose à tout l'ordre existant consacré par le temps. On ne peut pas admettre un tel refus, car si on l'admet pour dix, demain, mille, cent mille ne voudront plus trainer le fardeau des impôts et du service militaire. On ne peut l'admettre car au lieu de l'ordre, de la garantie de la vie sociale, le despotisme, l'anarchie triompheront, et ni la propriété ni la vie ne seront protégées. Ainsi doivent raisonner les gouvernants. Et ils ne peuvent raisonner autrement, et ils ne sont pas coupables de raisonner ainsi. Abstraction faite de cette pensée égoïste que de semblables refus le priveraient des moyens de subsister, qu'il arrache au peuple par la violence, abstraction faite de tout sentiment égoïste, tout fonctionnaire du tsar, tout garde champêtre doit jusqu'au plus profond de son âme se révolter de voir quelques paysans illettrés refuser d'accomplir ce qu'exige le gouvernement. « De quels droits ces hommes si humbles vont-ils se permettre de nier ce qui, reconnu et fait par tous, est consacré par la loi. » Et les gouvernants ne peuvent sembler coupables d'agir comme ils le font. Ils emploient la violence, mais il leur est impossible de faire autrement. En effet, peut-on avec des moyens raisonnables, humains, forcer des hommes qui professent la doctrine chrétienne à entrer dans une corporation d'hommes qui apprennent l'assassinat et s'y préparent ?

On peut maintenir dans l'erreur les hommes trompés par mille moyens : le serment, les sophismes ecclésiastiques, philosophiques et juridiques. Mais aussitôt que la tromperie est dévoilé par un moyen quelconque — et les hommes comme les Doukhobors, en appelant les choses par leur vrai nom, disent : « Nous sommes des chrétiens, c'est pourquoi nous ne pouvons pas tuer » —, on ne peut plus convaincre de tels hommes par des preuves raisonnables : il n'y a qu'un moyen de les faire obéir : les coups, les supplices, l'emprisonnement, la faim, le froid, pour eux et leurs parents.

Tant qu'ils n'auront pas reconnu leur erreur, les gouvernements ne pourront agir autrement et ainsi ne seront pas coupables.

Mais encore moins coupables sont les chrétiens qui refusent de participer aux leçons du meurtre et de s'adjoindre à ces hommes élevés pour tuer tous ceux désignés par les autorités. Le chrétien baptisé et élevé dans l'orthodoxie, dans le catholicisme, ou dans le protestantisme peut contribuer à la violence, à l'assassinat tant qu'il n'a pas compris la tromperie dont il est dupe, mais aussitôt qu'il a compris que chaque homme est responsable de ses actes devant Dieu, et que cette responsabilité ne peut être rejetée sur un autre par le serment, et qu'il ne doit ni tuer, ni se préparer au meurtre, alors la participation dans l'armée lui devient moralement aussi impossible qu'il lui est impossible physiquement de soulever un fardeau de mille kilos. En cela est la terrible tragédie des rapports du christianisme au gouvernement, tragédie en ce sens que les gouvernements doivent gouverner les peuples chrétiens, incomplètement éclairés, mais qui sont de plus en plus chaque jour, chaque heure, grâce à la doctrine du Christ. Tous les gouvernements, depuis Constantin, le savaient et le sentaient d'instinct, et ont fait, pour leur propre sauvegarde, tout ce qu'ils pouvaient, afin d'obscurcir le vrai sens du christianisme et d'en altérer l'esprit. Ils savaient que si les hommes adoptaient cet esprit, la violence se détruirait et par suite le gouvernement lui-même. Aussi, les gouvernements ont-ils travaillé pour eux, en établissant leurs institutions et leurs lois de façon à ensevelir sous elles cet esprit du Christ qui ne meurt pas et qui est dans le cœur des hommes. Les gouvernements ont fait leur besogne, mais la doctrine chrétienne a également fait la sienne en pénétrant de plus en plus dans l'âme et le cœur de l'homme. Et voici qu'est venu le temps où l'œuvre du Christ — comme cela devait être, parce que l'œuvre chrétienne c'est l'œuvre de Dieu, et que l'œuvre gouvernementale, est l'œuvre humaine — a dépassé l'œuvre du gouvernement.

Dans l'embrasement d'un bûcher, il arrive un moment où la flamme, après avoir travaillé longtemps et sourdement à l'intérieur, ne se montrant que par instants et ne se révélant que par la fumée, s'élance enfin de toutes parts, il devient dès lors impossible d'arrêter l'incendie ; de même, dans la lutte de l'esprit chrétien contre les lois et les établissements païens, à un moment donné cet esprit chrétien rayonne de tous côtés, il ne peut plus être étouffé, et à chaque instant menace de détruire les édifices entassés sur lui.

En effet, que peut faire le gouvernement contre ces quinze mille Doukhobors qui refusent d'accomplir leur service militaire ? Que faire contre eux ? Les laisser agir ainsi, c'est impossible. Déjà, au début du mouvement, des orthodoxes ont suivi l'exemple des Doukhobors ; qu'arriverait-il encore après si les Molokhans, les Stundistes, les Chalapoutis, les Illistes, les Straniskis, qui voient du même œil le gouvernement et le service militaire et qui n'agissent pas comme les Doukhobors pour ne pas donner l'exemple et par peur des souffrances, se décidaient à les imiter ? Et il y a de tels hommes par millions non seulement en Russie, mais dans tous les États chrétiens, et non seulement dans les pays chrétiens, mais dans les pays musulmans, en Perse, en Turquie, en Arabie, comme les Haridjistes et les Babistes. Il faut donc rendre inoffensifs pour les autres, les quelques milliers d'hommes qui ne reconnaissent pas le gouvernement et ne veulent pas participer à l'action gouvernementale. Mais comment faire ? les tuer, c'est impossible, ils sont trop nombreux ; les emprisonner, c'est aussi difficile ; on ne peut que les tourmenter : c'est ce qui a lieu. Mais qu'arrivera-t-il si ces persécutions n'ont pas les suites attendues, si ces hommes continuent à propager la vérité et à exciter un grand nombre d'autres hommes à suivre leur exemple ?

La situation des gouvernements est terrible surtout parce qu'ils n'ont sur quoi s'appuyer. Il est impossible de reconnaître mauvais les actes de ces hommes dont les uns, comme Drogine, sont torturés en prison jusqu'à la mort, et dont les autres, comme Izumchenko, souffrent maintenant en Sibérie, ou comme le Dr Skarvan, condamné à la prison en Autriche, ou comme tous ces hommes qui sont actuellement en prison, prêts à subir la mort plutôt que de renoncer à la doctrine religieuse, simple, compréhensible, approuvée de tous, qui défend l'assassinat et la participation au crime. Aucun sophisme ne peut faire trouver mauvais ou non chrétiens, les actes de ces hommes, et non seulement on ne peut les blâmer, mais on est forcé de les admirer, car il est impossible de ne pas reconnaître que les hommes qui agissent ainsi, le font au nom des plus hautes qualités de l'âme humaine, au nom de ces qualités qu'on ne peut méconnaître sans rabaisser la vie humaine au niveau de l'existence animale.

C'est pourquoi, de quelque façon que le gouvernement agisse envers ces hommes, inévitablement il aidera non à leur destruction, mais à la sienne propre. Si le gouvernement ne persécute pas les Doukhobors, les Stundistes, les Nazaréens et les individus particuliers qui refusent de participer à ses œuvres, alors les avantages de la vie chrétienne, pacifique, de ces hommes attireront à eux non seulement les chrétiens convaincus, mais aussi des hommes qui pour les seuls avantages accepteront les conséquences extérieures du christianisme, et c'est pourquoi le nombre de ceux qui ne se soumettront pas aux exigences du gouvernement augmentera de jour en jour. Mais si le gouvernement, comme il le fait maintenant, agit cruellement envers ces hommes, alors cette cruauté envers des hommes coupables seulement de mener la vie la meilleure, la plus morale, éloigne de plus en plus les peuples des gouvernants, et, prochainement, le gouvernement ne trouvera plus d'hommes prêts à le soutenir par la violence. Les Cosaques demi-sauvages, qui ont battu les Doukhobors sur l'ordre de leurs chefs, ont été vite « ennuyés » comme ils disaient quand ils sont venus dans les villages doukhobors ; c'est-à-dire que la conscience commençait à les tourmenter, et les autorités, craignant pour eux l'influence nuisible des Doukhobors, se hâtèrent de les rappeler.

Aucune persécution d'hommes innocents ne finit sans que des oppresseurs ne passent au camp des opprimés, comme il arriva avec le guerrier Simon, qui combattit les Pauliciens et ensuite embrassa leur religion. Plus le gouvernement sera doux envers les hommes qui professent le vrai christianisme, plus vite augmentera le nombre des vrais chrétiens. Plus le gouvernement sera cruel, plus rapidement le nombre de ceux qui servent le gouvernement diminuera. Ainsi, que le gouvernement soit doux ou cruel envers les hommes qui professent le christianisme, il aidera à sa propre destruction. « C'est maintenant que se fait le jugement de ce monde, c'est maintenant que le prince de ce monde va être écrasé. » (*Jean*, xii, 31.) Et ce jugement se réalisait il y a 1900 ans, c'est-à-dire quand à la place de la vérité et de la justice extérieure s'était mise la vérité de l'amour. Quelque quantité de bois qu'on jette sur le tas de morceaux enflammés pour étouffer la flamme, la flamme ne s'éteindra pas ; la flamme de la vérité s'étouffera pour un moment mais se ravivera encore plus fort et détruira tout ce qui avait été jeté sur elle.

S'il arrivait à quelques-uns de ceux qui luttent pour la vérité — comme il arrive toujours — de faiblir dans la lutte et d'obéir aux exigences du gouvernement, la situation ne serait en rien modifiée. Si aujourd'hui les Doukhobors du Caucase ne pouvaient supporter les souffrances infligées à eux et à leurs parents, demain, avec une nouvelle force, sortiraient de tous côtés d'autres lutteurs tout à fait prêts, qui, avec plus d'audace encore, proclameraient leurs volontés et seraient de moins en moins capables de reculer. La vérité ne peut cesser d'être la vérité parce que, sous le joug des souffrances, les hommes qui la défendent faiblissent ; le divin doit vaincre l'humain.

Mais qu'arrivera-t-il si le gouvernement est détruit ? J'entends cette question que posent toujours les partisans de l'autorité, en supposant que si l'ordre actuel ne se maintient pas, il n'y aura plus rien et que tout périra.

La réponse à cette question est toujours la même, il arrivera ce qu'il plaira à Dieu, ce qui concorde avec sa loi déposée dans nos cœurs et révélée à notre raison. Si le gouvernement se détruisait, comme c'est le but des révolutions, alors il est clair que la question : « Qu'y aura-t-il après la destruction du gouvernement ? » demanderait une réponse de la part de ceux qui détruisent le gouvernement. Mais la destruction du gouvernement, qui se fait maintenant, a lieu non parce que quelqu'un, quelques hommes veulent l'anéantir, il se détruit parce qu'il n'est pas en accord avec la volonté de Dieu, révélée à notre esprit et mise en nos cœurs. L'homme qui refuse de mettre ses frères en prison, de les tuer, n'a nullement l'intention de détruire le gouvernement, il veut seulement ne pas faire le contraire de la volonté de Dieu, ne pas faire ce que non seulement lui-même, mais tous les hommes sortis de l'état bestial reconnaissent absolument comme le mal. Et si avec cela se détruit le gouvernement, cela signifie seulement que le gouvernement exige le contraire de la volonté de Dieu, c'est-à-dire le mal, et qu'ainsi le gouvernement est le mal et doit être détruit. De notre temps, dans la vie sociale du peuple, se produisent des modifications et bien que nous ne puissions nous représenter nettement la forme nouvelle qu'elle prendra, elle ne pourra être mauvaise parce que le changement se fait et se fera non par le caprice des hommes, mais grâce à un désir intérieur et secret, commun à tous les hommes, désir d'essence divine et inné dans le cœur humain.

Des modifications se produisent et toute notre activité doit être dirigée non à les contrecarrer mais à les favoriser et cette aide se réalise non pas en reculant devant la vérité divine qui nous est connue, mais au contraire en la professant clairement et hardiment. Et cette *profession* de la vérité donne non seulement la pleine satisfaction de la conscience à ceux qui la professent, mais aussi le plus grand bien aux hommes, tant opprimés qu'oppresseurs. Le salut n'est pas derrière nous, mais en avant.

Le moment critique du changement de la forme sociale de la vie et du remplacement des gouvernements et de la violence par une autre force qui lie les hommes, est déjà passé. Et l'issue n'est pas dans l'arrêt du processus, ou dans le mouvement de recul, mais exclusivement dans la marche en avant, par cette voie qui, dans le cœur des hommes, montre celle du Christ.

Encore un petit effort et le Galiléen vaincra, non dans ce sens terrible que donnait à la victoire le roi païen, mais dans le vrai sens, celui dans lequel il a dit : « Vous aurez des afflictions dans le monde, mais prenez courage, j'ai vaincu le monde. » (*Jean*, XVI, 33). Parce qu'en effet, il a vaincu le monde, non dans le sens mystique de la victoire invisible sur les péchés que les ecclésiastiques attachent à ces paroles, mais au sens clair, simple et compréhensible que nous avons le courage de professer. Alors bientôt non seulement n'auront plus lieu les terribles oppressions que subissent maintenant tous les vrais disciples du Christ qui professent sa doctrine en réalité, mais il n'y aura plus ni prison, ni le gibet, ni la guerre, ni la dépravation, ni le luxe, ni l'oisiveté, ni la mendicité, dont souffre maintenant l'humanité chrétienne.

L. Tolstoï.

VIII

POSTFACE DE LA BROCHURE « AU SECOURS »

L'appel *Au Secours* fut écrit par nous (MM. V. Tchertkov, Trégoubov et Birukov), à la fin de 1896 ; quand, d'après les renseignements qui nous furent transmis, les souffrances des 4.000 Doukhobors, dispersés dans les villages des Grouzines, atteignaient le plus haut degré.

Parmi les Doukhobors, des maladies épidémiques, et le scorbut, la dysenterie, la malaria, etc., commençaient à se répandre ; beaucoup étaient morts, d'autres succombaient faute de nourriture, des dizaines d'entre eux étaient cruellement massacrés dans les bataillons disciplinaires.

Le gouvernement ne prenait aucune mesure pour mettre fin aux maux des Doukhobors et désirait évidemment les prendre par « l'épuisement >. Les amis qui venaient à leur aide étaient arrêtés et déportés. C'est alors que nous écrivîmes l'appel : *Au Secours*, dans lequel nous traçâmes le tableau complet du mal qui s'accomplissait.

Ce livre, sous nos signatures et avec une postface du Comte Tolstoï, fut répandu par tous les moyens dont nous disposions. Il eut pour résultat : l'éveil de l'opinion publique russe, en faveur des Doukhobors, et notre déportation.

Une année après la publication de cet appel, les Doukhobors étaient autorisés à se réfugier à l'étranger.

(*Note de P. Birukov.*)

Les faits cités dans cet appel de trois de mes amis ont été scrupuleusement contrôlés, rédigés et corrigés. Après plusieurs rédactions et corrections, on a rejeté de cet appel tout ce qui, bien qu'étant la vérité, pouvait sembler exagéré. Si bien que tout ce qui est dit maintenant dans cet appel, c'est la vérité, la vérité indiscutable à la portée des hommes qui sont animés seulement du sentiment religieux, du désir de servir la vérité de Dieu et leur prochain, tant les opprimés que les oppresseurs.

Mais, quelque étonnants que soient les faits cités ici, leur importance réside non en eux-mêmes, mais dans leur effet sur ceux qui les apprendront, et j'ai peur que la plupart des hommes qui liront cet appel n'en comprennent pas toute la portée.

« Mais ce sont des révoltés, des paysans grossiers, illettrés, des fanatiques qui sont sous une mauvaise influence ; c'est une secte nuisible, antisociale que le gouvernement ne peut vraiment supporter et doit réprimer comme tout ce qui est nuisible au bien général des hommes. Si des enfants, des femmes, des innocents en souffrent, que faire ? » diront en haussant les épaules les hommes que ne pénétrera pas la portée de cet événement.

En général, cet événement comme tout événement dont la place est bien nettement définie, semblera peu important à la majorité des hommes : il y a des contrebandiers, il faut les arrêter ; il y a des anarchistes, des terroristes, il faut sauvegarder d'eux la société ; il y a des fanatiques, des skoptzi, il faut les enfermer, les déporter ; il y a ceux qui détruisent l'ordre social, il faut les opprimer.

Tout cela semble absolument simple, certain et, par suite, peu intéressant, et cependant c'est une grande erreur de juger ainsi ce qui est dit dans cet appel.

Dans la vie de chaque individu — je le sais par ma propre vie et chacun trouvera de pareils cas dans la sienne — ainsi que dans la vie des peuples et de l'humanité, se produisent des événements qui sont « turning points », les points tournants de toute l'existence, et ces événements sont toujours — comme le petit vent du matin qu'on remarque à peine et non comme la tempête dans laquelle Élie aperçut Dieu — peu criants, peu marquants, à peine soupçonnés, et dans la vie personnelle, on regrette toujours dans la suite de n'avoir pas su alors, de n'avoir pas deviné l'importance de ce qui se passait. Si j'avais su que c'était un moment si important dans ma vie, pense-t-on ensuite, j'aurais agi autrement. Il en va de même dans la vie de l'humanité. Avec éclat et à grand bruit entrent à Rome les triomphateurs, un Empereur romain, et cela semble important, tandis qu'alors il paraissait peu important qu'un Galiléen quelconque prêchât une nouvelle doctrine, qu'il fût pour cela crucifié avec des centaines d'autres, déclarés coupables du même crime. De même, maintenant, aux membres très raffinés des parlements anglais, français, italien, du Reichstag autrichien et allemand, à tous les hommes d'affaires de la City, à tous les banquiers du monde entier et à leur organe, la presse, à tous ceux-là semblent très importantes les questions suivantes :

Qui occupera le Bosphore ? qui accaparera un morceau de terre en Afrique ou en Asie ? qui triomphera dans la question du bimétallisme ? etc.

Et d'apprendre que, dans un certain endroit du Caucase, le gouvernement russe a pris des mesures pour réprimer quelques fanatiques à demi sauvages, qui refusent d'obéir aux autorités, cela semble non seulement sans importance, mais à un tel degré puéril, qu'il ne vaut pas la peine d'en parler. Et cependant, en réalité, à côté du grand événement qui se passe actuellement au Caucase, comme ils sont non seulement sans importance, mais ridicules, ces étranges soucis d'hommes âgés, instruits et éclairés par la doctrine du Christ (c'est-à-dire qu'ils connaissent cette doctrine et peuvent être éclairés par elle), de savoir à quel État appartiendra telle ou telle parcelle de terre et quelles paroles a prononcées tel ou tel homme sur des sujets n'intéressant que par les conditions où ils se présentent. Pilate et Hérode pouvaient ne pas comprendre l'importance de ce qui amenait devant eux, au tribunal, le Galiléen qui révolutionnait leur province ; ils ne daignaient pas même savoir en quoi consistait sa doctrine, et s'ils l'avaient connue, ils eussent été excusables, pensant que cette doctrine disparaîtrait (comme le disait Gamalihil). Mais nous ne pouvons ignorer ni la doctrine, ni le fait qu'elle n'a pas disparu depuis 1800 ans, et ne disparaîtra pas tant qu'elle ne sera pas réalisée. Et si nous savons cela, nous ne pouvons, malgré le peu d'importance et le manque d'instruction des Doukhobors, ne pas voir toute la portée de leurs actes. Les disciples du Christ étaient aussi des hommes peu importants, peu raffinés, peu connus ; et les disciples du Christ ne peuvent être autres.

Parmi les Doukhobors ou plutôt parmi « la fraternité chrétienne universelle », comme eux-mêmes appellent maintenant leur groupe, il ne se passe rien d'autre que la croissance de ce grain semé par le Christ il y a 1900 ans : la Résurrection du Christ lui-même. Cette Résurrection doit se faire, elle ne peut pas ne pas se faire, et peut-on fermer les yeux parce qu'elle s'accomplit sans coup de canon, sans parade militaire, sans étendard, sans fontaines lumineuses, sans musique, sans éclairage électrique, sans carillon, sans discours pompeux, sans les cris des hommes galonnés et décorés ?

Il n'y a que les sauvages qui jugent de l'importance d'un événement par l'éclat extérieur qui l'accompagne. Que nous le voulions ou non, maintenant au Caucase, dans la vie des chrétiens de la fraternité universelle, à dater surtout de leur persécution, a commencé la réalisation de la vie chrétienne, source de tout ce qui se fait de bon et de bien dans le monde. Toutes nos organisations sociales, nos parlements, les sciences, les arts, tout cela n'existe et ne vit que pour réaliser cette vie que nous tous, les hommes qui pensent, voyons devant nous comme l'idéal du plus grand perfectionnement.

Et il se trouve des hommes qui ont atteint cet idéal, incomplètement sans doute, mais du moins en partie, et l'ont réalisé par un moyen auquel nous-mêmes, avec tous nos ordres sociaux compliqués, ne pensions pas. Comment ne pas reconnaître l'importance de cet événement, c'est donc la réalisation de ce vers quoi nous marchons tous, ce vers quoi nous conduit toute notre activité compliquée.

On dit d'habitude qu'une telle tentative pour réaliser la vie chrétienne s'est déjà produite bien des fois. Il y a eu les Quakers, les Ménonites, etc., et tous sont devenus des hommes ordinaires qui vivent de la vie commune, gouvernementale ; c'est pourquoi les tentatives de réalisation de la vie chrétienne ne sont pas graves. Qu'est-ce donc qui est important pour la réalisation de la vie chrétienne ? Ce ne sont pas les pourparlers diplomatiques sur l'Abyssinie et Constantinople, les messages du pape, les congrès socialistes et autres choses semblables qui feront avancer les hommes vers ce pourquoi vit le monde. Si le royaume de Dieu, c'est-à-dire le royaume de la vérité et du bien sur la terre, doit se réaliser, ce ne peut être que par des tentatives semblables à celles que firent d'abord les premiers disciples du Christ, puis les Albigeois, les Quakers, les Ménonites, tous les vrais chrétiens du monde, et actuellement les chrétiens de la fraternité universelle. Le fait que les souffrances continuent et augmentent ne prouve pas que le triomphe de la vérité ne viendra pas, mais au contraire, qu'il est proche.

On dit que cela se fera, non par ce moyen, mais par un autre quelconque : par les livres, les journaux, les Universités, le théâtre, les conférences, les assemblées, les congrès. Mais en admettant même que les journaux, les livres, les Universités aident à la réalisation de la vie chrétienne, cette réalisation doit s'accomplir cependant par les hommes tous chrétiens, prêts à une vie pure et commune. C'est pourquoi la condition principale de cette réalisation, c'est l'existence et la réunion des hommes qui ont déjà atteint le but vers lequel nous marchons tous. Et ces hommes existent.

Peut-être — bien que j'en doute — continuera-t-on à réprimer le mouvement de la fraternité chrétienne universelle, surtout si la société même ne comprend pas toute l'importance de ce qui se passe et ne lui accorde pas son aide fraternelle. Mais ce que représente ce mouvement, ce qui s'exprime en lui, ne mourra pas, ne peut mourir, et, tôt ou tard, se montrera en pleine lumière, détruira ce qui l'opprime, et remplira le monde. Il faut seulement attendre. Il y a, il est vrai, des hommes, et malheureusement beaucoup qui pensent et disent : « Pourvu que ce ne soit pas de notre temps ! » et qui, pour cela, s'efforcent d'arrêter le mouvement. Mais leurs efforts sont vains, ils n'arrêtent pas le mouvement, mais perdent seulement la vie qui leur est donnée. La vie n'est la vie que si elle est au service de l'œuvre divine. En nuisant à cette œuvre, les hommes se privent de la vie et malgré cela ne peuvent arrêter la réalisation de l'œuvre de Dieu, ni pour une année, ni pour une heure. Et il est impossible de ne pas voir qu'avec ce lien extérieur qui unit maintenant tous les habitants de la terre, avec cet éveil de l'esprit chrétien qui s'affirme de tous côtés, cette réalisation est proche. L'acharnement et l'aveuglement du gouvernement russe qui inflige aux chrétiens de la fraternité universelle des supplices semblables à ceux des temps païens, et cette douceur admirable, et la fermeté avec lesquelles les nouveaux martyrs chrétiens supportent les supplices, tout cela constitue des signes évidents de l'approche de cette réalisation de l'œuvre de Dieu.

C'est pourquoi, en comprenant toute l'importance de l'événement qui se passe dans la vie de l'humanité comme en chacun de nous ; en se rappelant que l'occasion d'agir, qui se présente maintenant à nous, ne reviendra déjà plus, faisons ce que fit le marchand de la légende évangélique : vendons tout pour acheter la perle précieuse. Rejetons toutes les considérations mesquines et cupides, et que chacun de nous, en quelque situation qu'il soit, fasse tout ce qui est en son pouvoir — s'il ne peut aider à l'œuvre de Dieu, s'il ne peut y participer — pour ne pas être l'adversaire de l'œuvre divine qui s'accomplit pour notre bonheur.

Léon Tolstoï.

IX
« OÙ EST TON FRÈRE ? »[1]

(Sur les agissements du gouvernement russe envers les hommes qui ne peuvent devenir des assassins.)

Introduction

La nature humaine est ainsi faite qu'involontairement nous éprouvons de la sympathie pour toute manifestation de courage et d'intrépidité, que nous approuvions ou non l'œuvre qui la suscite. Même un assassin, quand il se défend, avec un courage désespéré, contre ceux qui le traquent, attire notre sympathie ; et à la guerre on rend d'autant plus d'honneur au prisonnier qu'il a combattu avec plus de persévérance.

Si nous sentons cela envers les hommes qui se défendent les armes à la main et tuent les autres pour conserver leur propre vie et liberté, d'autant plus l'éprouvons-nous envers ceux qui ne causent de tort à personne et qui se sacrifient volontairement pour l'idée à laquelle ils se sont consacrés corps et âme. Et si cette idée est celle de l'amour envers tous les hommes et de l'abstention de tout acte contraire à l'amour, et si au nom d'un pareil principe, l'homme sacrifie son bien-être personnel et sa vie en supportant courageusement les privations les plus dures, les souffrances et les oppressions, alors nous ne pouvons ne pas nous incliner devant sa conduite et ne pas sentir la compassion la plus vive pour son héroïque martyre.

La bonté d'une telle impulsion instinctive envers toutes les manifestations du sacrifice de soi-même, au nom de l'amour, est confirmée, d'autre part, par la conscience religieuse de tous les temps et de tous les peuples. Et la doctrine chrétienne que nous professons, indique l'amour, la paix et la bienveillance parmi les hommes comme les vertus les plus essentielles dont l'atteinte doit être le but de tous nos efforts.

Dans ces conditions, malgré tout ce qu'a d'étrange et d'incroyable la pensée seule que, dans notre temps, en Russie, il peut y avoir des hommes soumis aux persécutions et aux souffrances les plus cruelles, exclusivement parce qu'ils suivent trop strictement la doctrine chrétienne et, pénétrés de son esprit, ne veulent nuire à personne ni tuer personne, ce n'est pourtant pas une invention, mais un fait réel,

En Russie, en ce moment, il y a des hommes qui croient si absolument et si simplement en la doctrine du Christ, à la loi de réciprocité, à l'amour envers les ennemis, à la fraternité universelle de tous les hommes, que dans la pratique ils ne veulent pas violer cette doctrine et préfèrent souffrir eux-mêmes et mourir pour leur amour du prochain plutôt que de le tuer ou d'apprendre à le tuer. Et, à côté d'eux, dans la même Russie, qui a produit cette nouvelle génération de vrais chrétiens, il y a d'autres hommes qui se décident à persécuter, à tourmenter et à opprimer jusqu'à la mort les premiers, parce qu'ils croient trop à l'amour et le manifestent trop dans leurs actes.

On pourrait croire que ces hommes, qui persécutent leurs frères à cause de leur trop grand amour, sont atteints de la haine du bien ou du besoin sanguinaire de tourmenter et tuer. Mais en réalité, il n'en est pas ainsi.

Ceux des persécuteurs qui commettent personnellement ces violences, ne font que remplir les ordres de leurs chefs. Ceux qui se trouvent en contact immédiat avec les victimes, non seulement n'ont pas envers elles la moindre haine, mais au contraire, pour la plupart, ils s'étonnent de leur vertu extraordinaire, ils les respectent pour leur courage et leur fermeté et, compatissant avec elles intérieurement, au fond de leur âme, ils ont honte du vilain rôle qu'ils jouent et qu'ils ne peuvent refuser uniquement parce que leur bien-être matériel dépend de l'accomplissement aveugle des obligations de leur service.

On pourrait croire, dans ce cas, que ceux desquels viennent de pareils ordres, sont des brutes ayant perdu tout aspect humain. Mais cela non plus n'est pas juste. Par leur nature, ils ne diffèrent en rien de la majorité. Et beaucoup parmi eux sont des hommes vraiment bons et de cœur tendre. Et l'homme, suprême représentant du pouvoir, au malheureux nom duquel se commettent toutes ces horreurs, est un homme encore jeune et impressionnable et qui désire franchement faire le bien.

Comment donc, ces persécutions inhumaines, des meilleurs hommes, de notre temps, peuvent-elles avoir lieu ? Pourquoi ces horreurs que nous sommes habitués à associer aux époques de Néron et de l'Inquisition au Moyen Age ?

La cause ici ne diffère pas de celle qui est à la base du mal social contemporain. Par leur nature, les hommes sont bons et compatissants, mais dès l'enfance, leur conscience est déformée, et, au lieu de faire concorder leurs actes aux aspirations naturelles, et en même temps les meilleures de leur âme, ils se soumettent aux conceptions artificielles et erronées dans lesquelles ils furent élevés et dans lesquelles ils continuent à élever les autres.

La conscience non déformée indiquerait clairement qu'en refusant de participer au meurtre, l'homme agit bien, et qu'en sacrifiant pour cela son bien-être et sa vie, il commet un acte héroïque. En nous adonnant à l'inspiration spontanée de notre cœur, nous éprouverions envers un tel homme le respect et la reconnaissance, nous tâcherions de le prendre comme exemple et nous emploierions toutes nos forces pour atteindre nous-mêmes son degré d'élévation morale. Et pour cela, cette même doctrine chrétienne qui l'inspire, nous soutiendrait.

Mais dès l'enfance nous sommes habitués à croire non les indications directes de notre nature divine, non la doctrine chrétienne dans sa signification simple, mais à avoir confiance en une institution humaine qu'on appelle l'État et à croire en la justification de cette institution : c'est-à-dire en l'Église. Depuis notre tendre enfance, nous recevons les idées de nos parents, de nos professeurs d'histoire et de religion et de tout les milieux qui nous entoure : nous sommes habitués à penser comme on pense autour de nous, et nous apprenons à nous méfier des indications de *notre* raison, de *notre* conscience, comme d'une manifestation dangereuse de l'orgueil et de la présomption.

Ainsi, avons-nous cru à la plus grande superstition qui existe encore de notre temps : aux liens réciproques de l'État et de l'Église. Cette malheureuse illusion élevée entre nous et Dieux nous le cachait, et tenait en nous la place du cœur, de la raison, de la conscience. On nous a tellement convaincus de la nécessité de l'État et de la sainteté de l'Église, que nous ne pouvons pas même nous représenter la vie sans eux, et tout ce qui peut les détruire ou même les ébranler nous paraît être le mal le plus dangereux. Et, ce qu'il y a de plus terrible, nous sommes tellement pénétrés de cette conviction, que si une manifestation quelconque, du bien ou de l'amour, menace de nuire à l'état ou à l'Église, nous croyons de notre devoir de donner la préférence à la sécurité de ces institutions et de chasser le bien, l'amour, en persécutant, en tourmentant et en immolant ceux qui portent atteinte à nos idoles. Nous sommes arrivés à ce point que pour servir l'institution humaine, très douteuse, que nous avons acceptée, nous sommes prêts à opprimer en nous la seule chose qui soit sûre dans la vie, la voix de Dieu dans notre conscience.

En outre, cette voix, que nous entendons seulement dans la profondeur même de notre âme, est si étouffée par les soucis de la vie, par les considérations pratiques, par ce brouhaha compliqué, elle est si douce et si modeste, et tout ce qui a rapport à l'État ou à l'Église est si bruyant, si solennel, si indiscret, accapare si bien tous nos sentiments extérieurs, et opprime si fort notre personnalité, qu'il nous est trop difficile d'admettre la raison de nos doutes intérieurs, à peine entendus et timides, quand ils sont contraires aux exigences de l'État et à la doctrine de l'Église.

Tel est l'état d'âme des hommes qui ne se sont pas encore délivrés de la superstition de l'Église et de l'État et qui, au nom de cette superstition, sont prêts à commettre tranquillement, par principe, des injustices, des cruautés, des lâchetés dont l'idée seule, indépendamment de l'État et de l'Église, leur inspirerait le dégoût et l'horreur.

Dans l'intérêt de l'État et de l'Église, ils tourmentent par la famine, par le froid et par les privations de toutes sortes, des hommes qui ne veulent tuer personne et qui pour cela refusent de servir ; ils tourmentent leurs femmes, leurs sœurs, leurs enfants, leurs vieillards, en déportant les uns dans les pays les plus lointains, en plaçant les autres dans de telles conditions que tous tombent malades et meurent. En même temps, ils cachent soigneusement tout cela des autres hommes, tâchent de fermer la bouche à quiconque veut intervenir en faveur de leurs victimes et se hâtent d'éloigner ceux qui dénoncent ces cruautés.

En commettant tout cela, ils disent, avec un certain grain de franchise : « Sans doute nous plaignons tous ces fanatiques au rêve irréalisable de fraternité universelle. Mais que faire ? Si l'on permet à chacun de vivre selon sa conscience, alors bientôt tous refuseront de servir, et quand il n'y aura pas d'armée, il n'y aura plus d'État. Devant la sécurité de l'État, tout le reste doit être au second plan. Comme hommes, nous regrettons de causer des souffrances, mais comme représentants du pouvoir, nous devons défendre la sécurité de l'ordre existant, même s'il nous faut, pour cela, sacrifier nos sentiments personnels. Tout ce qui nuit à l'État *doit disparaître.* »

Et en effet, tout ce qui nuit à l'État disparaît ; mais la conscience chrétienne parmi les hommes ne disparaît pas (au contraire, grâce à ces persécutions, elle gagne et en profondeur et en surface) seule disparaît la dernière étincelle divine dans les âmes des fanatiques de la religion de l'Église et de l'État.

Mais d'un autre côté, en même temps que ces persécutions et lié à elles, grâce à Dieu, le nombre des hommes qui sont convaincus de l'insolvabilité de l'ordre existant augmente de plus en plus. Les hommes qui ont réussi à conserver ou à rétablir leur foi innée au bien, mettent à la première place, non telle ou telle institution humaine, mais la vérité et l'amour. Ils croient à la force du bien, ils savent que le bien ne peut avoir besoin du mal, et que les mauvais actes ne peuvent aucunement mener au bien. C'est pourquoi, dès qu'ils sont convaincus de l'impossibilité de maintenir telle ou telle institution, sans commettre pour cela des actes mauvais, cette seule indication est déjà pour eux la preuve évidente et indiscutable que cette institution — de quelque grand nom qu'elle se nomme et quelque nécessaire qu'elle paraisse — est un mal et une erreur, qui, par suite ne peut être nécessaire au bien des hommes.

Quand on dit à ces hommes que, pour soutenir l'ordre existant, la loi doit punir ceux qui refusent de tuer leur prochain, ils voient en cela non un ordre, mais la dépravation monstrueuse de tout ordre ; non la loi, mais la violation audacieuse de la vraie loi. De tout leur être, ils y aperçoivent la révolte la plus criminelle contre la volonté de Dieu.

I

Le lecteur sait probablement que dans les derniers temps, en Russie de même qu'en d'autres pays, les cas de refus du service militaire par conviction religieuse, sont devenus de plus en plus fréquents. En divers endroits de la Russie, une série de cas de refus isolés se sont produits, et au Caucase, parmi les Doukhobors, ces refus ont eu lieu en masse.

Mais si le lecteur appartient au milieu gouvernemental — et c'est principalement à ces lecteurs que je m'adresse ici — alors il ne connaît pas, probablement, les vraies causes qui ont motivé ces refus et quelles en furent les conséquences.

Une des caractéristiques de l'organisation gouvernementale russe, c'est l'impossibilité absolue de faire parvenir jusqu'au pouvoir exécutif suprême les renseignements exacts sur ce qui se passe en Russie. La plupart des faits, qui ont lieu dans ses États, sont totalement ignorés du représentant du pouvoir suprême, et, tant qu'aux autres, il ne les connaît que sous l'aspect le plus déformé.

Et il ne peut en être autrement. L'absence de la liberté de la presse et l'extrême centralisation gouvernementale semblent établies exprès pour que, à mesure que les renseignements gravissent les échelons administratifs, il s'en détache tout ce qui peut dénoncer les défauts ou les erreurs des fonctionnaires et que ce qui en reste après cette élimination ait l'aspect le plus avantageux pour ces personnes. C'est ce qui se passe par exemple dans n'importe quel village. Le représentant inférieur du pouvoir gouvernemental, l'*ouriadnik*, par les conditions inévitables de sa situation officielle, est moins bien renseigné que n'importe quel paysan local. Mais, il ne dénonce même pas à son chef immédiat, le *stanovoï*, le peu qui lui est connu ; il en tait une partie, de peur de se compromettre ou de s'imposer des soucis superflus, et l'autre partie, il la lui transmet sous l'aspect le plus avantageux pour lui, et évidemment plus ou moins faux. Le *stanovoï* agit de même envers l'*ispravnik*, ce dernier envers le gouverneur, etc. Ainsi, plus la situation officielle des fonctionnaires est élevée, moins ils savent, et plus douteux sont les renseignements qui leur arrivent ; si bien qu'en Russie, l'Empereur connaît, le moins de tous, la vérité et après lui, la personne le moins renseignée est celle qui lui fait les rapports.

Il est vrai que parmi quelque cent mille personnes, qui servent pour l'argent ou pour l'ambition, sont dispersés çà et là quelques hommes honnêtes et, à leur façon, consciencieux, mais ces exceptions ne changent point les choses puisque, grâce à leur minorité relative, dans les meilleurs cas, ils retardent un peu, mais n'arrêtent nullement, ce procédé de coupures et de truquage des renseignements qui circulent. Il est vrai aussi que, de temps en temps, grâce au changement brusque des fonctionnaires ou par quelque autre cause accidentelle, une parcelle de vérité se fait jour. Mais ces éclairs de vérité durent peu, n'ont qu'une très faible lumière et n'embrassent qu'une petite distance, la vérité est bientôt obscurcie par les ténèbres anciennes.

Les gouvernements qui jouissent de la liberté de la parole et de la presse, malgré tout le mal qui est le propre de tout système violent du gouvernement, sont au moins affranchis de cette nécessité d'agir toujours dans les ténèbres, puisque les personnes qui servent ces gouvernements, ne sachant pas ce qui peut être dénoncé demain par la presse, tâchent de faire connaître le plus tôt possible aux autorités la vérité pleine et entière.

En Russie, ce système n'est pas applicable parce que les hommes d'État russes ont trop peur de la publicité de leurs propres actes et de ce qui se passe en Russie.

Si on leur donnait à choisir, ou qu'eux-mêmes ne sachent pas la vérité, ou que tout le monde la sache, ils préféreraient probablement le premier, comme un mal moindre, selon leur conception, tant ils craignent que la forme actuelle du gouvernement ne supporte pas la lumière de la publicité complète. En outre, ils sont pour la plupart très naïvement convaincus que personne ne peut savoir la vérité mieux qu'eux.

C'est pourquoi, le lecteur, s'il appartient au milieu gouvernemental et n'a aucun renseignement étranger, ne peut savoir exactement, ni même en traits généraux, ce qui se passe en Russie, ni en particulier ce qu'on fait aux hommes qui, par leur conviction religieuse, refusent de servir.

De notre côté, la conformité des pensées nous ayant mis en relation intime et directe avec eux, je sais qu'une des causes principales des cruautés incroyables, infligées à ces hommes, provient de ce que les hauts personnages du gouvernement ne reçoivent, en ce qui les concerne, que les renseignements les plus tronqués et même inventés, sur leur conviction, leurs actes et sur la façon dont agissent envers eux les autorités locales ; Sachant cela, et pour agir dans les vrais intérêts, tant des opprimés que des oppresseurs, quelques amis et moi avons tâché de rendre publique la vérité sur cette affaire. Et pour confirmer mes paroles, et pour montrer jusqu'à quel degré le gouvernement russe a peur de la vérité, je dois ajouter qu'après cela, il s'est empressé de se débarrasser de nous en nous déportant.

Je ne répéterai pas ici tous les détails des persécutions, révoltantes par leur cruauté, qu'ont souffertes, de la part du gouvernement, ces hommes qui refusaient de devenir des assassins. Des renseignements complets à ce sujet ont été exposés dans quelques brochures que j'ai éditées[2] ; je mentionnerai seulement, en traits généraux, les points les plus caractéristiques de cette affaire.

De la manière d'agir du gouvernement russe dans les cas particuliers de refus du service militaire, on peut se faire une idée par le sort de L. N. Drogine tourmenté jusqu'à la mort, il y a quelques années, dans le bataillon disciplinaire de Voronèje.

Depuis le Christ, il y eut toujours des hommes qui, en conscience, ne pouvaient prendre part au service militaire, et en Russie jusqu'à nos jours, existaient deux sectes de ces hommes : les Doukhobors et les Ménonites, auxquels était même reconnu le droit officiel de ne pas faire le service militaire. Mais malgré cela, quand, dans un autre milieu, commencèrent à se manifester des cas isolés de pareils refus, alors on enferma dans des maisons d'aliénés ceux qui refusaient de servir, et ensuite, on les transporta dans les bataillons disciplinaires. Là, grâce au caractère particulier de leur situation, leur vie se transformait en un supplice de mort lente, accompagné des tortures physiques.

Ces mesures sont toujours conduites de la façon la plus secrète et tout ce qui touche le sort de ces hommes est soigneusement caché par le gouvernement, comme s'il avait peur que des cas pareils pussent être contagieux pour les autres millions de sujets russes, bien que le gouvernement affirme toujours lui-même avec solennité, qu'ils sont dévoués inébranlablement à l'ordre existant et qu'ils soutiennent très volontiers le tsar, la religion et la patrie.

Mais cependant, malgré le secret le plus sévère, des renseignements sur certains cas pareils sont venus jusqu'à quelques personnes, particulières, qui ont fait tout leur possible pour attirer sur eux l'attention des hauts personnages du gouvernement. Il en résulta un certain soulagement du sort des martyrs, un soulagement dû indiscutablement aux bonnes intentions de ceux qui avaient pris cette initiative. Mais, comme il arrive toujours en Russie, pour toutes les mesures humanitaires du gouvernement, ce soulagement fut mis en pratique, si timidement, avec tant d'indécision, que la déportation pour dix-huit ans, dans les endroits les plus reculés de la Sibérie orientale, parut une amélioration au sort des hommes qui ne consentaient pas à tuer leur prochain.

Les Doukhobors et les Ménonites, qui étaient depuis longtemps débarrassés du service militaire, subirent de la part du gouvernement russe, pendant les dernières années, une série de persécutions qui n'ont pas encore cessé, persécutions terribles par leur cruauté inouïe et tout à fait inutiles dans l'intérêt même de l'État.

En Russie vivaient pacifiquement quelques dizaine de milliers d'hommes, tous, sages et laborieux, dignes d'être l'orgueil de leur patrie. La vertu suprême, la charité, était chez eux développée jusqu'à un tel degré, que, disposés à accomplir n'importe quelle exigence du gouvernement, ils refusaient absolument une seule chose : tuer ou offenser un de leurs semblables. Non seulement on savait ces hommes inoffensifs, mais même leurs hautes qualités morales étaient reconnues de tous. Après une période de persécutions des plus cruelles, qu'ils ont supportées en martyrs héroïques, le gouvernement même débarrassa du service militaire et les Doukhobors et les Ménonites. Pour ces derniers, cette obligation était remplacée par le service de garde dans les forêts de l'État, et les Doukhobors subirent la peine de la déportation dans les pays les plus stériles du Caucase, sous un climat rigoureux. Ils enrichirent le pays en transformant ces terrains en champs productifs et en prairies florissantes. Ils vécurent ainsi pendant 50 ans, dans l'amour du prochain, dans la paix avec le gouvernement, appréciés et estimés de tous ceux qui étaient en contact avec eux. Au Caucase, il n'y avait pas de peuple plus laborieux et plus utile, plus noble, plus fort, et jouissant à la fois d'une plus grande confiance de la part des populations locales et des représentants du gouvernement. Tous ceux qui étaient alors au Caucase en témoignèrent à l'unanimité. Même un conservateur, jaloux du pouvoir gouvernemental, comme l'était l'empereur Nicolas Ier, ne trouva pas nécessaire de les inquiéter. Tout marchait bien et le gouvernement n'avait aucun sujet de regretter la mesure qu'il avait prise dans ce cas, comme exception. L'abstention de ces hommes dans la participation au service militaire n'amenait aucune complication gouvernementale, même pendant la dernière guerre russo-turque ; les Doukhobors, fidèles à leurs principes, ne prirent aucune part à la guerre, mais consentirent, sur la demande des autorités, à apporter des vivres aux soldats russes, quand ils étaient menacés de famine. La même tranquillité régna après la guerre, et elle régnerait encore jusqu'à nos jours, sans un cataclysme inattendu.

Un général, possédé de la manie de mettre tout sur un même rang, eut la malheureuse idée d'étendre l'obligation du service militaire aux Doukhobors, en négligeant complètement la particularité de leur croyance religieuse. Cette idée fit son chemin, et en 1886, parut une nouvelle loi qui exigeait de tous le service militaire, sans en excepter ceux mêmes pour qui ce service est contraire à la conscience et qui en étaient déjà affranchis depuis longtemps.

Les Ménonites — peut-être parce qu'ils étaient d'origine étrangère — reçurent la permission d'émigrer de la Russie, permission dont beaucoup profitèrent. Les souffrances de ceux qui, faute de moyens, ne purent partir furent évidemment des plus horribles si l'on en juge par les extraits des renseignements qui se firent jour derrière le secret le plus absolu, dont le gouvernement a l'habitude d'envelopper pareilles affaires. Le chef d'un bataillon disciplinaire m'a raconté que peu après la publication de cet ordre, 200 jeunes Ménonites, qui avaient refusé de servir, furent amenés dans son bataillon. Les horreurs des fustigations et des autres supplices qu'ils subirent, forcèrent les Ménonites à se soumettre aux rigueurs de la discipline militaire. L'année suivante était amené un autre groupe semblable. Les nouveaux venus, plus fermes, protestèrent contre la violation commise sur eux, ils s'arrêtèrent devant les portes de la caserne du bataillon disciplinaire, et, se tenant par la main, refusèrent d'entrer. Les soldats furent appelés, s'aidant des poings et des pieds, ils les poussèrent dans les portes et dans la cour de la caserne, en les frappant cruellement. Alors les Ménonites déjà, enrégimentés, à la vue de leurs camarades martyrisés, se joignirent à eux et déclarèrent se refuser aussi à accomplir les devoirs militaires, n'ayant renié leur religion et consenti à servir que par crainte. « Et lors on leur administra un châtiment — m'a raconté un vieux colonel, avec la même animation que s'il se fût rappelé quelque acte héroïque — on les arrangea comme il faut, soyez-en sûr, ils furent forcés de se soumettre. Et ceux qui, après cela, continuèrent à persister, eh bien, avec eux… » Mais ici, en me regardant et en remarquant probablement l'impression que me produisait ce récit, il se hâta de changer le sujet de conversation.

Cependant, le coin du rideau qu'il souleva, avec les autres renseignements que je reçus à cette époque sur la vie dans les bataillons disciplinaires, me suffisaient pour me faire une idée de ces institutions d'enfer et des actes de ces misérables bourreaux, abrutis par le militarisme, qui les dirigent.

En même temps, avec les Ménonites, les Doukhobors étaient appelés au service militaire. Envers eux, la conduite du gouvernement fut pire encore et atteignit les dernières limites de la cruauté et de la folie.

II

La nouvelle loi trouva précisément les Doukhobors dans une de ces périodes temporaires de chute morale qui se produisent inévitablement au cours du développement de l'individu et de la société. Leur vie continuait à être laborieuse, et, dans leur conscience, ils n'avaient pas trahi les principes fondamentaux de leur religion. Mais leur vie intérieure était un peu affaiblie, et, par suite, dans leur conduite, se glissaient peu à peu des habitudes de licence : beaucoup parmi eux commençaient à user du vin et du tabac et en général à montrer moins d'abstinence dans la vie.

Vers cette époque, grâce à la corruption des autorités locales, les Doukhobors perdirent d'un coup tous leurs biens, plus d'un demi-million, ce qui naturellement fut non seulement un grand coup matériel, mais aussi une terrible secousse morale.

En outre, quelques Doukhobors, les plus aimés et estimés de leurs camarades, furent relégués en des pays lointains pour avoir protesté contre ce pillage. Cette séparation forcée de leurs camarades, si l'on prend en considération l'attachement extraordinaire et réciproque des Doukhobors entre eux, fut une épreuve très dure qui ne pouvait passer sans laisser de traces. Tout cela réuni fit que les Doukhobors se trouvaient dans un état d'hésitation morale : d'un côté se levaient ceux qui étaient capables de renoncer aux exigences les plus strictes de leur conscience, de l'autre côté ceux qui, au moindre choc, étaient prêts à se ressaisir.

Ils ne pouvaient ne pas nier le service militaire, son illégalité fut toujours l'un des principes fondamentaux de la religion que chacun d'eux recevait avec le lait maternel. Mais, cette fois, sous l'influence d'un état d'esprit hésitant, ils se laissèrent aller à un compromis en se soumettant extérieurement aux exigences du gouvernement en ce qui concernait le service militaire. Cependant, ils conservaient l'intention très ferme, en cas de guerre, de ne pas prendre part à l'assassinat ; et les parents, chaque fois qu'ils accompagnaient leurs fils à la conscription, leur donnaient conseil en ce sens. Ce fut ainsi de 1887 à 1895.

En même temps, pendant la même période, se manifestait la résurrection morale des Doukhobors. La perte de leurs biens et leur séparation de leurs amis préparèrent le terrain, l'exigence du service militaire fit le reste. Le renouvellement, d'année en année, des appels au service militaire, qu'ils n'avaient consenti à accomplir qu'à contre-cœur, ramenait toujours très nettement la question la plus grave pour la conscience des Doukhobors, et leur rappelait leur conduite fausse. Enfin, la coupe était pleine et les Doukhobors s'éveillèrent de leur sommeil moral. Ils considérèrent les maux qui les atteignirent comme un châtiment de Dieu, pour leur relâchement dans son service, et en se repentant, ils revinrent à leurs croyances traditionnelles avec toute l'ardeur qui les distinguait jadis. Le résultat immédiat de cette élévation d'esprit était le retour à l'ancienne modération dans la vie, à l'abolition de l'inégalité matérielle qui se développait parmi eux, et au refus absolu de participer au service militaire.

―――――――――

Ce changement dans la conduite des Doukhobors, changement qui semblait inexplicable, excita du côté du gouvernement le malentendu qui l'empêcha et l'empêche jusqu'ici de comprendre la vraie portée de cet événement contre lequel il lutte si cruellement et si infructueusement. Le gouvernement avait vu, pendant quelques années, comment les Doukhobors remplissaient exactement le service militaire, et, ne soupçonnant pas que cette obéissance extérieure cachait un compromis, il en concluait que « les Doukhobors, ayant renoncé à leur erreur, étaient entrés dans la bonne voie ». Et quand, huit ans après, ils refusèrent de nouveau d'entrer au régiment, le gouvernement, qui pendant cette période, n'avait pu suivre, leur vie intérieure, et qui ne savait pas ainsi la vraie cause de ce changement, pensa qu'il ne pouvait provenir que d'une propagande exercée du dehors sur les Doukhobors.

Précisément, vers cette époque, l'attention du gouvernement était attirée par le mouvement appelé « tolstoïen » ; le gouvernement pensa qu'un lien réciproque existait entre les deux événements, et attribua le refus des Doukhobors à l'influence de « la propagande tolstoïenne » ; d'autant plus que, dans ce temps, au Caucase, se trouvaient en déportation quelques personnes que le gouvernement considérait comme les « agents de Tolstoï ». Mais, bien que cette supposition du gouvernement puisse paraître naturelle, néanmoins elle était tout à fait erronée. Pour quiconque connaît un peu le caractère intime du mouvement des Doukhobors, il ne peut y avoir l'ombre d'un doute qu'aucune chute morale temporaire ne pouvait anéantir, dans la conscience des Doukhobors, les croyances dont ils étaient depuis si longtemps et si profondément pénétrés. Élevés dans les traditions pures et nobles, transmises de génération en génération, et fortifiées par les traditions et le martyrologe de leurs pères et de leurs ancêtres, les Doukhobors ne pouvaient pas, le voulussent-ils, se débarrasser de leur conscience spirituelle et vivre dans l'indifférence, contrairement à toutes les exigences de leur conscience et de leur raison. Pour cela, il leur eût fallu s'étourdir incessamment par des moyens artificiels, en étouffant la conscience et en abrutissant la raison, comme en effet le font maintenant[3], à l'aide du vin, du tabac, de la viande, des débauches et du luxe, les Doukhobors qui ont trahi leur conscience et qui sont appelés « la petite partie ». Mais parmi les hommes qui, comme les Doukhobors, ont ressenti personnellement tout le bien, toute la joie de la vie spirituelle, et qui sont habitués à sacrifier leurs intérêts aux exigences de la vie, quelques-uns seulement pouvaient consentir à ce suicide moral. C'est en effet ce qui s'est produit.

Une fois que la conscience humaine s'est élevée à une certaine hauteur, elle ne peut ensuite s'abaisser et cesser de reconnaître les vérités acquises. Aussi, dans la vie extérieure, ne peut-elle jamais se concilier définitivement avec ce qui est contraire aux exigences du développement atteint antérieurement. L'homme qui reconnaît l'illégalité morale du meurtre peut, sous l'influence de telle ou telle cause, entrer à contre-cœur au service militaire, mais ne peut absolument, dans la profondeur de son âme, justifier cette conduite ; et qu'il vive seulement jusqu'au rétablissement de son équilibre moral, il reviendra à lui et refusera de servir. C'est ce qui arriva avec les Doukhobors.

Quant à l'influence qu'on attribue à Tolstoï et à ses partisans, s'il y eut influence, elle vint précisément de la part des Doukhobors. Les personnes soupçonnées par le gouvernement d'être les instigatrices des Doukhobors furent surtout MM. D. A. Khilkov et A. M. Bodiantzky, déportés au Caucase, et envoyés après le conflit entre les Doukhobors et le gouvernement, à l'autre extrémité de la Russie, avec l'augmentation du délai de leur déportation.

En réalité, ces deux personnes étaient plutôt les disciples que les guides des Doukhobors. Khilkov fut amené à ses convictions par l'impression que lui causa le meurtre qu'il commit au cours de la guerre russo-turque et grâce au séjour qu'il fit ensuite parmi les Doukhobors dont la conception de la vie correspondait précisément à la sienne. Ce n'est que plus tard qu'il fit connaissance avec Tolstoï. Quant à Bodiantzky, au Caucase, il ne s'occupait pas de propagande, mais principalement de recueillir les psaumes des Doukhobors et des Stundistes, leurs professions de foi, etc.

Pour confirmer mes dires, que le refus des Doukhobors ne fut pas du tout le résultat d'une poussée extérieure de la part des personnes soupçonnées de cela, il suffira d'indiquer ce fait que les Doukhobors, parmi lesquels vivait Khilkov à Bachkitchett et avec lesquels il était en relations immédiates, n'ont pas refusé d'entrer au régiment et appartiennent jusqu'ici au groupe qui remplit toutes les exigences du gouvernement. Il faut aussi remarquer que Pierre Veriguine, un des Doukhobors les plus influents, déporté du Caucase en 1887 et qui, peu après, du lieu de sa déportation, adjura les Doukhobors de refuser le service militaire, en 1896 (c'est-à-dire, après que le refus du service était un fait accompli), écrivait à un ami, en lui demandant ce qu'écrit et de quoi s'occupe L. Tolstoï dont il avait appris l'existence, et sous l'aspect le plus désavantageux, lors de sa déportation à Schenkoursk, par des exilés politiques n'ayant pas de sympathie pour Tolstoï.

Les autres amis de Tolstoï ne sont entrés en relation avec les Doukhobors qu'après leur refus du service militaire, et se sont intéressés à eux, *précisément à cause de ce refus* et des massacres qui le suivirent.

La résurrection morale des Doukhobors fut le résultat non de la propagande, mais de la marche naturelle de leur vie intérieure, en corrélation avec les circonstances extérieures dans lesquelles ils se sont trouvés. Encore au XVIIIe siècle et dans la première moitié du XIXe, ils agirent exactement comme maintenant, et, dans leur conduite actuelle, il n'y a absolument rien de neuf en comparaison avec leurs actes antérieurs : ils sont arrivés à la conception de l'illégalité du service militaire depuis plus d'un siècle et spontanément, et, depuis, ils n'ont en rien changé leurs idées sur cette question, aussi n'avaient-ils besoin d'aucune influence extérieure pour reconnaître ce qu'ils ont toujours reconnu. Consentant provisoirement, et à contre-cœur, à servir, ils eurent besoin d'un choc extérieur pour se ressaisir et redevenir fermes ; la communication théorique, faite par quelques hommes nouveaux venus, de ces mêmes vérités morales, auxquelles ils ne cessèrent jamais de croire, eût été évidemment insuffisante. D'autre part, si quelqu'un eût voulu activer artificiellement, parmi les Doukhobors, cette résurrection morale qui, en tous cas, devait venir tôt ou tard, on ne pouvait inventer rien de mieux que ce qu'a fait avec eux le gouvernement. Cette série de malheurs et d'épreuves que le gouvernement a infligés aux Doukhobors semblait faite exprès pour les bien secouer et les éveiller. Aucune propagande ne pouvait avoir ici d'importance.

Pour les hommes qui prennent la moindre participation au développement, dans l'humanité, de la conscience chrétienne, qui actuellement inquiète tant le gouvernement et l'Église, cette exagération perpétuelle de l'importance de L. N. Tolstoï et l'attribution à son influence personnelle et littéraire, de tout ce qui se fait en ce sens, semblent étranges. Je ne songe pas, sans doute, à diminuer la réelle importance de son influence, mais je sais que la source de sa vie spirituelle et de celle de ses amis n'est pas dans sa personnalité, mais dans ce Commencement général de la vie, duquel nous descendons tous et auquel nous retournons tous. Je sais que les relations des hommes qui tâchent de servir ce commencement ne sont pas du tout de celles qui comportent un leader et des adhérents, mais qu'elles sont tout à fait fraternelles, comme entre enfants d'un même Père céleste.

Les représentants des classes dominantes ne peuvent comprendre de telles relations. Habitués par le caractère même de leur genre d'activité à disposer ou à agir selon les ordres venus d'en haut et à distribuer tout selon les grades, ils supposent involontairement que les autres agissent de même, et c'est pourquoi, s'ils sont instruits d'un mouvement quelconque qui se manifeste, à la fois en divers lieux, ils cherchent instinctivement le chef qui le dirige. En outre, ils n'ont aucune connaissance de l'histoire du développement de cette conception de la vie dont, faussement, ils croient Tolstoï le créateur ; ils ne savent pas qu'avant lui, depuis le Christ, il n'y eut jamais discontinuité dans la série des sociétés et des individus, liés successivement entre eux, pénétrés de la même conception de la vie, et agissant par cela au nom des mêmes principes. Les ennemis actuels de Tolstoï ne comprennent pas qu'il n'est qu'une seule onde — une grande onde, il est vrai, mais cependant une seule — dans ce courant général que personne, rien ne peut arrêter, et que même sans cette onde, le courant ne s'arrêterait pas, mais rejetterait à la surface d'autres ondes. « L'esprit souffle où il veut et on ne sait pas d'où il vient et où il s'en va. »

Un des représentants du gouvernement, envoyé pour instruire l'affaire des Doukhobors lors des événements des dernières années, passait rapidement d'un village de Doukhobors dans un autre. En arrivant dans un nouveau village, il faisait appeler les Doukhobors et leur posait les questions les plus variées, principalement sur leurs rapports envers le gouvernement. Soupçonnant, comme la plupart des fonctionnaires, que leur conduite cache l'hostilité envers le pouvoir, il pensa, par l'inattendu de ses questions, les surprendre et forcer quelques-uns d'entre eux à se trahir. Mais à une foule de questions, tous, avec la même timidité, et en même temps avec fermeté et dignité, donnaient si exactement la même réponse, que, tout étonné enfin il s'exclama : « Mais chez vous, il y a un téléphone secret ? »

Et, inconsciemment, il avait raison. En effet, tous les hommes qui ont accepté la doctrine du Christ dans son sens simple et direct, et qui tâchent de vivre dans son esprit, sont unis entre eux par un réseau de communications « téléphoniques. » Ils n'ont qu'à s'approcher un instant de l'appareil téléphonique qui se trouve dans l'âme de chacun d'eux, pour s'unir aussitôt à la station principale, et de là entrer en communication avec n'importe lequel de leurs frères spirituels. Mais leur station principale ne se trouve pas dans tel ou tel individu comme l'imaginent ceux qui n'observent que superficiellement l'action de cette communication réciproque. Elle se trouve dans cette source générale de la vie dont le Christ dit : « Comme tu es en moi et moi en toi, Père, ils seront de même en nous. » Mais ceux qui ne croient qu'aux communications par les fils et qui n'ont que des moyens matériels d'atteindre leur but, ne peuvent comprendre cela.

Plusieurs sont poussés encore par cette idée fausse que Tolstoï est l'initiateur et le guide de tout ce qui se fait dans une certaine direction.

Dans la société et parmi le peuple, il se manifeste un mouvement qui, sous beaucoup de rapports, est tout à fait contre l'ordre existant. Dans certains cas, ceux qui participent à ce mouvement, refusent même de remplir les exigences des autorités. Le gouvernement et l'Église doivent forcément dénoncer ce mouvement comme mensonger et nuisible puisqu'au cas contraire il faudrait le reconnaître comme juste, et alors, logiquement, douter de la véracité des conceptions qu'ils n'ont pas la force de répudier.

Mais comment condamner un mouvement quand son principe fondamental est de faire le bien, de s'abstenir du mal, quand son seul motif est l'amour ? Comment formuler et justifier devant soi-même et devant les autres la persécution des hommes parce qu'ils tâchent de vivre bien ?

À quoi, à proprement parler, aspirent-ils ? Quels sont les indices selon lesquels on les reconnaît ? Ces hommes nuisibles et dangereux vivent laborieusement en tâchant de ne consommer pour eux-mêmes rien de superflu, et ils travaillent pour les autres, au lieu d'exploiter le travail de leur prochain ; ils ne veulent pas accumuler les richesses ni pour eux-mêmes, ni pour leurs enfants, en préférant donner ce qu'ils ont à ceux qui en ont besoin ; ils évitent de dominer les autres et veulent servir à tous ; ils ne boivent pas de vin, ne fument pas, tâchent d'être chastes et modérés en tout ; ils ne mentent pas, ils disent ouvertement la vérité ; ils défendent les opprimés au lieu de flatter les grands de ce monde. Ils s'abstiennent de l'accomplissement des coutumes dans lesquelles ils ne croient pas ; ils reconnaissent que, dans la lutte contre le mal, la colère et la violence nuisent, et que seule la douceur et la bonté aident ; ils désirent aimer tous et ne consentent à tuer personne ; ils n'osent pas agir contre la conscience, même quand, par la force ou les séductions, on veut les forcer d'agir ainsi ; ils préfèrent souffrir docilement les persécutions, les massacres, la mort même plutôt que de reculer de ce qu'ils croient la volonté de Dieu. Comment peut-on persécuter des hommes, pour cela ? Les condamner, ne démontre que sa propre insolvabilité.

Et cependant les y laisser tranquilles est impossible ; c'est trop dangereux pour l'État et pour l'Église. Que faire ? Il n'y a qu'une seule issue : se taire autant que possible, cacher la vraie réalité des choses, et, sans y toucher, les attribuer à l'influence d'un individu quelconque, qu'on pourra, tout en conservant les convenances et sans se compromettre, attaquer librement ; on peut appeler ceux qui participent à ce mouvement dangereux « les partisans » et « les agents » de cet homme et les persécuter non pour ce qu'ils font en réalité — non parce qu'ils tâchent de suivre la doctrine du Christ — mais « pour la propagande des idées de tel ou tel faux-maître ».

C'est ici que vient en aide cette opinion exagérée, que Tolstoï est le meneur d'un complot gigantesque contre l'État et l'Église. Tolstoï n'est pas le Christ, reconnu officiellement comme Dieu, et qu'à cause de cela il n'est pas aisé de contredire, ce n'est qu'un homme, capable comme tel, de s'entraîner et de se tromper. C'est pourquoi Tolstoï peut très facilement servir de tête de turc pour toutes les accusations et les attaques, surtout si l'on ne pénètre pas trop attentivement les motifs et les opinions, et c'est pour quoi on peut lui attribuer sans se gêner, si c'est nécessaire, ce qu'il n'a jamais pensé, ni dit, ni fait. Il suffit pour cela d'arracher de ses écrits quelques expressions, les plus fortes, de les grouper en se taisant soigneusement sur les autres idées qu'il a exprimées et qui sont nécessaires pour la représentation complète et exacte de sa pensée. On ne peut pas, évidemment, accuser des hommes d'aimer trop Dieu et leur prochain ; on ne peut pas non plus les punir pour la réalisation de cet amour. Mais regretter qu'ils soient devenus les victimes « des idées funestes de Tolstoï » ; accuser et haïr Tolstoï pour le « détournement » de ses partisans ; punir et persécuter les hommes pour la réalisation de la « doctrine de Tolstoï » ; interdire les écrits de Tolstoï ; expulser, renfermer ses amis, et en général par tous les moyens « détruire l'influence de Tolstoï », tout cela paraît tout à fait convenable, ne blesse aucune oreille et n'offense pas la conscience. Et voilà : sous l'enseigne de l'anéantissement « de la fausse doctrine de Tolstoï », la persécution du Christ et de ceux qui tâchent de le servir, passe très facilement, et sous l'aspect « de la lutte contre le Tolstoïsme » et de la répression « des crimes politiques » qui en résultent, on justifie les crimes du gouvernement et l'hypocrisie de l'Église.

Sans doute, tous ne trompent pas consciemment ainsi, eux-mêmes et les autres. Les uns, en effet, le font avec intention, mais les autres, sans réfléchir, suivent le courant général, et les troisièmes s'en tiennent soigneusement aux superstitions qui leur sont inculquées par l'éducation. Mais en tous cas, il est indiscutable que, dans cette affaire, du côté du gouvernement et des classes qui le soutiennent, domine le mensonge, conscient pour les uns et inconscient pour les autres, et que, seul, ce mensonge rend possibles, actuellement en Russie, l'accomplissement par les uns et l'admission par les autres, de ces persécutions que subissent les hommes semblables aux Doukhobors et aux autres martyrs du dévouement à la doctrine du Christ.

Ce même besoin des autorités, de se justifier quand on les accuse de persécuter des innocents, excite encore un autre grand malentendu concernant les Doukhobors et basé, cette fois, sur la calomnie directe contre eux. Cette calomnie consiste dans l'affirmation que les Doukhobors sont hostiles au gouvernement et que l'inaccomplissement de certaines exigences des autorités n'a pour motif que leur esprit de révolte.

En réalité, cette affirmation est absolument mensongère. Les relations des Doukhobors avec les représentants du gouvernement ne furent jamais hostiles. On le voit déjà en ceci que, pendant toute la période du séjour des Doukhobors au Caucase, les relations réciproques entre eux et le gouvernement furent des plus pacifiques et bienveillantes. Même les autorités supérieures avaient l'habitude de montrer aux Doukhobors de la confiance et du respect. Pendant leurs voyages à travers les villages doukhobors, elles recevaient d'eux le pain et le sel de bienvenue, échangeaient avec eux des saluts et savaient que ces hommes sont les plus inoffensifs, les plus fidèles et les plus sûrs de tous les habitants de ce pays et qu'ils ne se distinguent des autres que par une plus grande droiture, une plus grande franchise et une plus grande dignité humaine dans leurs rapports avec les autorités. Mais dès que le gouvernement eut la malheureuse idée d'exiger des Doukhobors ce qui est contraire à leur conscience, et que les autorités locales commencèrent à commettre sur eux des brutalités de toutes sortes, pour leur refus d'agir contre leur conscience, alors aussitôt, les autorités mêmes répandirent la calomnie sur l'attitude soi-disant hostile des Doukhobors envers le gouvernement et sur leurs idées de révolte et d'anarchie. Et sur ce terrain, tous les actes des Doukhobors, toutes leurs particularités, tous leurs traits caractéristiques, qui, auparavant, n'étaient interprétés faussement par personne, furent considérés comme une preuve de leur révolte contre les autorités.

Un de mes amis, qui était dans la suite impériale, pendant le voyage du Caucase de l'impératrice Marie Fédorovna, m'a raconté, comme preuve de cette soi-disant hostilité envers les autorités, que lui-même « a vu de ses propres yeux » les Doukhobors rester coiffés devant le train impérial et refuser d'enlever leurs chapeaux malgré les exhortations de tous les assistants. J'ai demandé à mon ami si l'Impératrice se montrait à la fenêtre du wagon pendant ce temps ? Il me répondit qu'il n'y a pas fait attention. Alors je lui ai expliqué que les Doukhobors considèrent le salut comme une coutume sacrée, exprimant la reconnaissance de l'esprit divin dans la personne qu'ils saluent, et que, grâce à cette particularité, ils saluent tout homme, seulement quand ils se rencontrent avec lui face à face, et que, donnant une si haute importance à cet acte, naturellement ils ne peuvent ôter leur chapeau devant une locomotive ou devant les wagons du train, sans voir la personne qu'ils saluent. Mon ami fut très heureux d'apprendre cela, puisque les autorités locales lui avaient expliqué la conduite des Doukhobors, d'une façon tout autre et désavantageuse.

Ce cas, minime en soi-même, prouve très clairement qu'en général, les malentendus désavantageux pour les hommes comme les Doukhobors, proviennent des personnes mêmes qui vivent avec eux mais qui ne connaissent pas suffisamment leurs coutumes et leurs particularités.

Les Doukhobors se distinguent par leur attention et leur respect envers chaque homme avec lequel ils ont affaire, mais en même temps, ils conservent toujours une dignité remarquable. L'instructeur les invite-t-il à l'interrogation ? ils viennent très volontiers chez lui, répondent logiquement à toutes ses questions mais, en même temps, ils s'assoient très tranquillement à côté de lui sur le banc. Leur montre-t-il l'exemple de l'Empereur qui encourage cette chose même qu'ils croient contraire à leur conscience ? les Doukhobors lui répondent avec calme que l'Empereur est un homme comme tous, capable de pécher et de se tromper. Le général, habitué à la flatterie, s'étonne, se révolte et voit dans cette conduite les indices indiscutables de l'anarchie. En réalité, il y a rien ici outre la simplicité, la franchise et la dignité.

En supportant les souffrances les plus terribles, les Doukhobors plaignent toujours leurs bourreaux : « Ô Dieu, pardonne à nos oppresseurs — disent-ils — sauve leur âme et détourne — les de la voie de l'injustice. »

En répondant à un chef qui leur demandait en quoi ils sont prêts à obéir aux autorités et en quoi ils refusent de se soumettre, un des Doukhobors dit : « Donnez-nous dans la main la plus petite pierre et ordonnez-nous de la jeter sur un homme, nous ne pouvons le faire, mais ordonnez-nous de transporter d'un endroit à l'autre la pierre la plus lourde, nous le ferons très volontiers. »

Ces paroles expriment très exactement le caractère de cette « révolte contre le gouvernement » dont les représentants du pouvoir accusent les Doukhobors. Ces représentants ne comprennent pas la conduite des Doukhobors et ne sont pas capables d'apprécier la pureté enfantine du cœur et la noblesse rare de ces hommes remarquables.

III

Je ne puis admettre la pensée qu'au nombre de ces hommes d'État, desquels dépend maintenant le sort des Doukhobors, il ne se trouve absolument personne pour faire attention à leur situation terrible. Il est difficile de croire que parmi ces personnes il ne s'en trouve pas qui veuillent enfin, attentivement et sans parti pris, examiner cette affaire et aider à la cessation des persécutions d'un peuple entier ; persécutions qui ne peuvent être utiles à personne.

La vérité sur la situation des Doukhobors persécutés ne viendra-t-elle pas jusqu'à l'un de ces personnages qui disposent de l'influence nécessaire ? Est-ce que son âme ne tressaillira pas à ce qui se découvrira à ses yeux, et n'aura-t-il pas honte pour les actes du gouvernement qu'il sert, n'aura-t-il pas horreur de sa participation à ces actes horribles et, enfin, n'aura-t-il pas pitié, tout humainement, de ces hommes qui souffrent ?

Et si cela est possible, si dans le cœur d'un tel homme naît une étincelle de pitié, alors, il ne pourra pas et il ne voudra pas se tranquilliser tant qu'il ne remplira pas tout ce qui est en son pouvoir pour faire cesser les horreurs commises et améliorer le sort des victimes de ces horreurs.

Dans sa situation d'homme d'État, il tâcherait sans doute de trouver une issue telle que les intérêts de l'État n'aient pas à en souffrir, et une telle issue existe.

Le premier pas nécessaire, pour cela, consisterait à expliquer la situation générale des choses et à établir les rapports réguliers du gouvernement envers les hommes qui ne peuvent pas, par leur conscience, prendre part au service militaire. Jusqu'ici, le gouvernement les regardait comme des criminels et les persécutait comme des ennemis de l'ordre social. Et cependant un semblable rapport envers ces hommes est tout à fait sans aucun fondement et sert de base à tout malentendu.

Actuellement la conscience humaine est arrivée déjà jusqu'à la reconnaissance du principe de la tolérance religieuse et de la liberté de conscience. Ce principe est maintenant si universellement admis, que même en Russie il y a peu d'hommes qui osent le discuter ouvertement ; et les fanatiques les plus extrêmes de l'orthodoxie, les hommes qui se distinguent le plus par leur intolérance, trouvent nécessaire de déclarer solennellement à toute l'Europe que la liberté de conscience existe chez nous, et même au plus haut degré que dans tout autre pays.

Toutefois, en même temps, la possibilité de violer sans obstacle ce principe qu'on proclame, est garantie par deux amendements artificiels ; premièrement, dans la Russie, la liberté de conscience est reconnue, mais non la liberté de propagande ; et deuxièmement, avec la pleine liberté de conscience, chez nous, on ne peut pas admettre la violation des exigences de l'État.

La question ainsi posée paraît au premier abord tout à fait raisonnable, et malheureusement beaucoup ne remarquent pas la contradiction qu'elle cache.

Tous savent qu'une des conditions indispensables de toute foi sincère consiste non seulement dans le besoin moral, invincible, de traduire aux autres ce que l'on croit la vérité et le bien, mais aussi dans le devoir sacré d'y consacrer sa parole et sa vie.

C'est pourquoi, tout homme vraiment croyant sera toujours, et ne peut ne pas être un propagateur de sa foi. Il n'y a que celui qui ne croit pas loyalement ou même qui ne croit pas du tout, c'est-à-dire qui est indifférent à la vérité qui puisse ne pas être un peu apôtre. C'est-à-dire que le premier amendement, si on l'exprime franchement et simplement, signifie qu'en Russie, la tolérance religieuse n'est admise qu'envers les hommes qui ne croient pas franchement ou ne croient pas du tout.

Tous savent aussi qu'une autre condition indispensable de toute foi sincère consiste à reconnaître pour soi-même l'obligation de l'obéissance au principe auquel on croit, avant d'obéir à toute autre prescription humaine. Évidemment, quand les exigences de l'État sont contraires à ce que l'homme reconnaît pour la volonté de Dieu, s'il est sincère et honnête, il croit obligatoire pour lui d'obéir aux exigences de sa conscience, fallût-il pour cela renoncer à accomplir les prescriptions gouvernementales qui les contredisent. C'est pourquoi le deuxième amendement, exprimé franchement, signifie qu'en Russie, la liberté de conscience n'est admise que pour les hommes qui placent les ordres des « autorités » plus haut que les exigences de Dieu.

En un mot, la tolérance telle qu'elle existe en Russie ne permet à l'homme, qui est en désaccord avec l'Église et le gouvernement, ni d'exprimer par les paroles, ni de réaliser en actions ce qu'il croit ; mais, par contre, elle lui permet de penser ce qui lui plaît, c'est-à-dire qu'elle ne lui défend pas la seule chose qu'il est impossible de défendre. Et si étrange que cela paraisse, beaucoup d'hommes sincères, en s'accrochant au hameçon de ce sophisme habile, croient naïvement à la fiction qu'existe en Russie a tolérance religieuse.

Ainsi les hommes d'État qui désirent établir un rapport un peu équitable envers ceux qui, par conviction religieuse, sont réfractaires, doivent avant tout reconnaître absolument et ouvertement que, parmi les hommes, il existe et se répand une conception religieuse de la vie, d'après laquelle l'homme ne peut, en conscience, participer ni au service militaire, ni aux autres formes de la violence gouvernementale en général il ne peut se croire absolument tenu aux exigences de l'État, basées sur des principes que sa religion n'admet pas. En reconnaissant ce fait, il ne faut ni compter ces hommes parmi les criminels, ni tâcher de les faire agir contrairement à leur conscience, ni les persécuter comme des malfaiteurs, mais il faut compter avec ce fait comme avec la manifestation religieuse inévitable de la conscience humaine qui progresse, et à la base de laquelle sont les motifs les plus sages, les meilleurs, les plus moraux, et qui, par cela, ne peuvent absolument amener à rien de mal. Il faut principalement comprendre et reconnaître ce que, dans son âme, chaque homme honnête reconnaît admirablement, à savoir qu'on peut tâcher de dissuader des hommes de telle ou telle de leurs convictions qu'on ne partage pas soi-même, mais qu'il est immoral et malhonnête de désirer que les hommes ayant certaines convictions agissent contre leur conscience sous n'importe quelle pression extérieure. Il faut comprendre et reconnaître que, quelles que soient les institutions locales et gouvernementales de tel ou tel pays, l'abdication des exigences de la conscience, pour éviter les souffrances ou recevoir des récompenses, n'est pas et ne peut être un profit pour ce pays, mais toujours un vrai dommage en augmentant le nombre des membres malhonnêtes, nuisibles et dangereux de la société.

Il est temps, pour les représentants du pouvoir gouvernemental russe, de se débarrasser de l'idée erronée, mais si profondément ancrée en eux : que le peuple existe pour l'État. Il est temps de comprendre que pour des hommes qui défendent ce pouvoir, la seule justification de son existence, à leur propre point de vue, ne peut être actuellement que le souci du bien du peuple, c'est-à-dire la reconnaissance de l'existence de l'État pour le peuple. Aussi, le but de chaque gouvernant éclairé, qui ne veut pas être au-dessous du niveau moral et spirituel de son temps, serait-il de suivre, avec attention et respect, le développement de la conscience dans son peuple, le mouvement social progressif, chaque nouvelle manifestation du besoin des individus ou d'un groupe d'individus pour une vie meilleure, supérieure, plus morale et plus aimante, et, en suivant attentivement ces événements, d'élargir soigneusement les cadres des anciennes conceptions de l'État, qui sont devenus pour eux trop étroits et ne permettent pas le développement libre de chaque aspiration noble.

Et si l'on se place à ce point de vue plus éclairé, pour ce qui est du mouvement des Doukhobors, mouvement remarquable par son élévation morale, il faudrait ne pas chasser, ne pas persécuter, ne pas arrêter, ne pas détruire ces meilleurs hommes de notre temps, ne pas tâcher de les faire disparaître de la terre à cause de l'impossibilité de les faire pénétrer, par la force, dans les formes de l'État déjà surannées ; mais il faudrait prendre le soin d'animer, d'élargir, d'améliorer ces formes de façon qu'elles fussent au niveau de l'exigence du temps et pussent sinon embrasser, du moins ne pas gêner le développement de ce mouvement heureux, honneur du peuple russe et bienfait pour toute l'humanité. Il ne faut pas avoir peur que telle ou telle autre forme du gouvernement puisse souffrir du développement libre d'un tel mouvement, mais il faut craindre que la forme existante, par son retard, ne soit un obstacle à la réalisation de ces rapports meilleurs, plus justes et plus raisonnables, entre les hommes, que ce mouvement introduit dans la vie humaine.

Ainsi raisonnerait sans doute un gouvernant éclairé, s'il existait, et en y conformant ses actes, il rendrait à son pays le plus grand service que, dans sa situation. il pût lui rendre. Et en même temps, il se convaincrait bientôt, par l'expérience, que telle façon d'agir ne conduit à aucune catastrophe sociale, malgré toutes les craintes des fonctionnaires russes, qui ont déjà vécu leur temps et qui sont élevés dans les traditions sauvages, asiatiques, de l'abus gouvernemental, sans frein, ne s'adaptant à rien et ne s'arrêtant devant rien.

Récemment, un nouveau Résident fut nommé au Caucase, et il se mit activement à y établir l'ordre, au point de vue gouvernemental. On dit qu'il n'approuva pas la conduite de l'administration locale dans ces derniers conflits avec les Doukhobors, et l'on put alors espérer, qu'avec cette nomination, s'améliorerait la situation des Doukhobors au Caucase.

En effet, le nouveau Résident, prince G. S. Golitzine, prenant connaissance, encore à Pétersbourg, de l'affaire des Doukhobors, exprimait ouvertement cette opinion que les autorités locales avaient commis dans cette affaire une série de fautes déplorables en agissant avec cruauté et avec un étrange sans-gêne. Mais à cela, il ajoutait qu'on ne pouvait revenir sur le passé et réparer les fautes anciennes. Et en effet, il continua tranquillement à diriger les persécutions contre les Doukhobors, sans faire la moindre tentative pour réparer les injustices et les cruautés qui, il l'avoue lui-même, sont les suites d'anciennes fautes administratives. Une telle opinion sur le danger — c'est-à-dire le non-désir — de réparer les anciennes fautes du gouvernement, quand elles sont liées avec la reconnaissance officielle et avec l'abdication des anciennes dispositions, est très répandue parmi les fonctionnaires russes. Il existe même dans ce milieu un cliché : « l'Empereur doit toujours avoir raison ». Les hommes qui tiennent à ce principe s'imaginent soutenir ainsi la stabilité et l'inviolabilité du prestige de l'état, ne soupçonnant pas que la possibilité d'affirmer tel principe, tout au contraire, ne témoigne que de l'instabilité de ce prestige et de la dépravation morale du milieu qui s'efforce à le soutenir par tels moyens. Dans les époques anciennes, quand le principe monarchique correspondait plus ou moins au niveau du développement social de cette époque, — et c'est pourquoi il était relativement très solide, — personne ne trouvait qu'il fût besoin d'une telle élévation artificielle du monarque au rang de demi-dieu impeccable. Au contraire, on lui attribuait toutes les qualités humaines et entre autres la possibilité de se tromper. Parmi les anecdotes historiques de cette époque de monarchie réelle et non artificiellement échafaudée, on conserve beaucoup de récits que tel ou tel autre Roi, ou Empereur, ayant commis par erreur, ou dans un moment d'emportement, une injustice ou une cruauté, se repentait ensuite publiquement de plein gré et sans crainte, et par cela, ne faisait qu'augmenter en ses sujets les sentiments d'estime et de dévouement envers lui. Mais en notre temps, le serviteur de l'Empereur russe affirme ouvertement que ni lui ni son gouvernement, dans aucun cas, ne peuvent officiellement reconnaître leur faute. Si l'autorité de l'autocratie actuelle a besoin d'un tel mensonge, n'est-ce pas un indice clair qu'elle perd du terrain et a besoin de soutien artificiel ?

Il en va de même avec les Doukhobors. Si parmi les hommes d'État qui prennent part à cette affaire, il s'en trouvait un seul capable de se guider par sa conscience et par sa raison plus que par le souci de soutenir artificiellement le prestige gouvernemental (qui, à vrai dire, n'y gagne rien, mais y perd), il conseillerait sans doute au gouvernement de reconnaître les fautes commises et de rétablir pour les Doukhobors la situation dans laquelle ils vécurent tranquilles et heureux pendant cinquante ans, et sans nuire au gouvernement.

Il reconnaîtrait, tout d'abord, que le recrutement forcé des Doukhobors au service militaire, qui est contraire à leur conscience, était la mesure non seulement immorale mais inhabile et désavantageuse pour le gouvernement même ; et il trouverait que l'issue la plus noble, et en même temps la plus sage de cette difficulté, est dans l'abrogation immédiate d'une loi injuste et néfaste.

Il conseillerait aussi de rétablir la situation primitive : de ramener les familles exilées dans leurs villages natals, de rendre à leurs orphelins, les Doukhobors arrachés de leurs familles et exilés en pays lointain, de restituer le bien social des Doukhobors volés par le lucre des autorités locales et, cela fait, de déclarer aux Doukhobors que s'ils vivent à l'avenir tranquillement et pacifiquement comme ils vivaient avant, le gouvernement agira envers eux humainement.

Récemment, le gouvernement déclara officiellement aux Doukhobors, en réponse à leur requête, qu'il leur était permis d'émigrer de la Russie en Angleterre ou en Amérique. Et en effet, outre qu'aucun gouvernement n'a le droit de défendre aux hommes d'émigrer s'ils le désirent, l'émigration est, dans ce cas, pour le gouvernement même, la solution la plus commode.

Par les mêmes causes, c'est-à-dire, par justice et pour son propre avantage, le gouvernement devrait permettre l'émigration à chaque individu qui ne peut pas, par conscience, remplir telle ou telle autre exigence du gouvernement. Retenir de force en Russie les hommes qui n'y veulent pas rester, c'est presque impossible, et ce ne serait possible qu'en transformant le pays en une vaste prison.

Il faut encore prendre en considération que les Doukhobors, étant ruinés, ne peuvent émigrer avec leurs propres ressources. Puisqu'ils sont ruinés par le gouvernement russe, alors la justice la plus élémentaire demande que ce même gouvernement leur fournisse les ressources nécessaires pour l'émigration. Les co-penseurs des Doukhobors, dans les autres pays, principalement les Quakers anglais et américains, réunissent déjà des fonds pour aider à leur émigration. Le moins que demande, du gouvernement russe, la justice la plus élémentaire, c'est qu'il y aide de son côté et qu'il supplée aux ressources manquantes pour réaliser le plus rapidement possible cette émigration dont l'ajournement de quelques années serait fâcheux pour les deux parties.

On dit qu'un projet d'émigration des Doukhobors au compte de l'État, aux frontières de la Russie asiatique, pour la « russification » des pays voisins des possessions russes, a été discuté dans le milieu officiel. On proposait, paraît-il, « d'utiliser » les Doukhobors à ce but. Par les considérations politique, cette idée pouvait peut-être passer dans l'esprit de tel ou tel homme d'État. Mais si ces personnes se rendaient compte de la vraie signification de leur désir de tirer un profit pour l'État des martyrs restés vivants, je pense qu'elles rougiraient de honte. Ce n'est pas à l'utilisation des Doukhobors et aux nouvelles violences contre eux que le gouvernement doit maintenant penser, mais uniquement aux moyens d'expier une minime partie de sa faute, énorme envers eux, en facilitant l'émigration des victimes vers où elles-mêmes trouveront plus commode d'émigrer.

Aider à l'émigration libre des Doukhobors et cesser toute violence sur la conscience de ceux d'entre eux qui, par telle ou telle cause, doivent encore rester en Russie, voilà le moyen le plus simple, et le plus efficace de trancher immédiatement l'affaire des Doukhobors, affaire qui se présente au gouvernement si complexe et si difficile, uniquement parce que, jusqu'ici, il a craint de l'envisager loyalement et humainement.

Cette façon d'agir, outre qu'elle serait, de la part du gouvernement, la plus morale, serait au point de vue pratique la plus efficace. Au point de vue moral, bien qu'elle ne puisse ressusciter ces centaines d'êtres humains qui ont perdu la vie, ni sécher les larmes de leurs orphelins, au moins par elle, le gouvernement mettrait fin à cette persécution inhumaine des innocents, persécution qui se continue encore. Au point de vue pratique, le gouvernement verrait bientôt que tout se passerait bien comme avant le malentendu excité par lui-même.

Mais le malheur c'est que le système du gouvernement actuel en Russie est trop en retard sur ce degré de développement moral que, *volens nolens*, ont atteint ceux mêmes qui font partie du gouvernement. C'est pourquoi, en reconnaissant la contradiction complète entre leur conception morale et leur activité gouvernementale, tout en conservant parfois un certain guide moral pour leur vie privée, d'un autre côté, ils mettent en principe la proposition que le principe moral ne peut et ne doit être appliqué aux mesures gouvernementales pour lesquelles, comme bases, doivent servir uniquement les intérêts de l'État lui-même.

La confirmation évidente de ce fait est fournie par l'attitude, envers les Doukhobors du Caucase, de ces représentants du pouvoir, entre les mains desquels se trouve actuellement leur sort. Et cependant, quelques-uns des représentants du pouvoir russe ont déjà la conscience assez développée pour pouvoir apprécier et estimer le réfractaire. Cela est évident d'après leurs rapports avec les Quakers anglais. Des députations de la société des Quakers sont venues maintes fois en Russie et ont été reçues par les tsars russes avec cette bienveillance et cette estime qu'ils se sont acquises partout. Or, les Quakers pensent tout à fait comme les Doukhobors, quant au service militaire, et, évidemment, les mêmes hommes d'État russes, qui sont assez éclairés pour estimer et accueillir les Quakers, ne peuvent en effet croire vicieux ou criminels leurs propres compatriotes qui agissent de la même façon. N'est-il pas clair que l'attitude tout à fait autre de ces mêmes gouvernants russes envers les Doukhobors ne vient pas du tout de leur incapacité à apprécier les vraies qualités des Doukhobors, mais seulement de ce qu'ils ne savent pas défendre autrement les intérêts de l'État qu'on suppose menacés par la conduite des Doukhobors.

Quant à cette peur de la violation des intérêts de l'État, en réalité, elle est tout à fait chimérique, au moins dans les pays dont l'organisation est capable de se développer en accord, avec les exigences du temps. En Angleterre par exemple, deux cents ans avant, le gouvernement persécuta cruellement ces mêmes Quakers en s'imaginant aussi qu'ils étaient dangereux pour le gouvernement. Mais le temps est passé ; le développement de l'humanitarisme et de la tolérance religieuse a vaincu et on a laissé tranquilles les

Quakers en leur reconnaissant le droit de vivre selon leur conscience. Eh quoi ! non seulement la tranquillité de l'Angleterre n'en a pas souffert, mais au contraire, dans le dernier siècle, elle a beaucoup augmenté. Et chez nous-mêmes, en Russie — c'est la preuve la plus éloquente — on a laissé tranquilles les Doukhobors pendant cinquante ans, et pendant tout ce temps, il n'y eut, de leur part, aucune difficulté pour l'État. Ces complications, toutes ces souffrances et toutes ces sauvageries naquirent seulement quand le gouvernement voulut violenter leur conscience. Est-ce que les conceptions des hommes d'État russes sont faussées au point qu'ils croient humiliant pour eux, ou dangereux pour l'État, de réparer la faute commise en rétablissant les Doukhobors dans leur situation ancienne qui satisfait tout le monde ? Est-ce que le dévouement des hommes d'État russes aux règnes précédents est si aveugle qu'ils persévèrent dans leur service de l'ours en soutenant, coûte que coûte, la triste faute commise alors et qui eut des suites si peu désirables et si douloureuses sous tous les rapports ? Et cependant, il semblerait si simple, si facile pour le gouvernement d'abroger avec courage, l'ordre qui prouve en fait son insolvabilité, de se débarrasser lui-même de ces difficultés en délivrant des hommes innocents des persécutions et de l'anéantissement.

En tout cas, cette abrogation est pour le gouvernement le seul moyen d'effacer la tache honteuse qui frappe tous les yeux et dont, avec horreur, honte et dégoût, se souviendront non seulement les générations futures, mais les propres enfants de ceux qui commettent et autorisent ces crimes.

Dans cette série de crimes, les plus honteux pour notre temps, et qui se commettaient sans obstacle, à la lumière du jour, sur des hommes inoffensifs qui ne veulent pas consentir à agir contre leur conscience, le gouvernement russe semble avoir pris à tâche de montrer à l'humanité jusqu'à quel degré de cruauté peuvent atteindre les représentants de l'autocratie, devenus fous du pouvoir. Ici, furent pratiqués les traitements variés de la cruauté la plus extrême et la plus insensée et les abus sans frein dont les hommes sont capables.

On a arraché des milliers d'êtres humains de leurs foyers ; on les a détenus par la force et déportés dans de telles conditions qu'il ne leur reste qu'à souffrir de la faim, tomber malades et mourir ; on a infligé l'incarcération et la détention perpétuelle à des centaines de pères de famille, à des jeunes gens, tous hommes forts et sains, et, par ce moyen, les familles sont privées du travail de beaucoup de mains, nécessaire à leur existence ; on a ordonné et fait des attaques de cavalerie contre les réunions de prières, où se trouvaient des hommes, des femmes, des vieillards et des enfants sans armes. Les autorités, pour outrager la dignité d'hommes très respectables, faisant étouffer les chants des psaumes par les chants obscènes des soldats ; le massacre des habitants pacifiques jusqu'à demi-tués par les nogaiki, la flagellation, le viol de femmes inoffensives, dépouillées de tout vêtement, le lent assassinat des hommes par la fustigation et les verges épineuses, par les instruments de torture, par le bataillon disciplinaire, par la privation d'air, de mouvement et de nourriture saine dans la prison, l'assassinat de centaines d'autres hommes par la famine, par le froid et par les maladies terribles, aiguisés par les détestables conditions physiques auxquelles ils ont été soumis de force ; l'internement des prisonniers mourants dans les cachots, en plein isolement ; la défense faite aux parents, aux femmes et aux enfants venus leur dire adieu avant la mort, de pénétrer auprès d'eux ; des jeunes gens arrachés du sein de leur famille pour être envoyés en déportation, pour dix-huit ans, dans les plus terribles trous de la Sibérie d'Orient : voilà quelques exemples des diverses mesures appliquées par le gouvernement russe aux hommes laborieux pour leur refus de tuer leur prochain.

Pour être juste, il convient de remarquer ici que ces crimes et ces cruautés n'ont pas toujours mérité un encouragement égal de la part du pouvoir suprême. Quelques-uns, comme par exemple le viol des femmes par les soldats, étant venus par hasard jusqu'au oreilles de l'Empereur, ont eu pour résultat la punition des commandants des régiments auxquels ces soldats appartenaient.

Mais il faut dire aussi que le mécontentement du pouvoir suprême n'était excité que par quelques actes privés, et d'apparence surtout grossière, des autorités locales, mais non par l'illégalité morale de tous ces massacres et par la destruction en masse des hommes pour leur fidélité à leurs convictions. En outre, la tentative même d'opposer les punitions isolées à cette brutalité générale des hommes, résultat inévitable d'un régime sauvage, frappe par sa naïveté. C'est la même chose que de tâcher d'éteindre le feu par le feu ou de tarir l'eau par l'eau. Le pire de toute cette révoltante affaire, ce n'est pas qu'un malheureux officier de Cosaques quelconque, dégradé par l'éducation militaire et le milieu soldatesque, en soit venu à un tel point que, quand le gouverneur de province lui a montré la nécessité d'agir « le plus sévèrement » envers la population qu'il fallait « dompter », il ait dépassé un peu les ordres donnés et se soit permis, ou ait permis à ses subordonnés de commettre des actes qui, — à son propre étonnement — ont excité la désapprobation des autorités supérieures. Comparativement avec ce manque de tact fortuit, d'un homme en particulier, on jugera beaucoup plus importante et plus terrible cette influence dégradante du service militaire qui réduit les soldats à un tel état de sauvagerie, que l'expédition d'un détachement logé dans le village s'appelle par l'autorité militaire elle-même « l'exécution » et devient pour les habitants le point de départ des plus grands maux.

Mais ce n'est pas encore le plus terrible. L'influence néfaste de tout principe mensonger ne se montre pas sous son jour le plus vif dans cet état de grossièreté extérieure, assez tangible pour que l'on constate jusqu'à quel point il peut atteindre les hommes « non éclairés », trompés toute la vie et incapables, même par ouï-dire, de savoir ce que c'est que la vraie instruction. Cette influence dépravante du principe mensonger apparaît avec sa plus grande évidence chez les hommes les plus éclairés, et qui connaissent au moins la conception chrétienne de la vie. Ainsi, dans ce cas, toute la profondeur de l'influence dégradante du principe actuel, du principe militaire et gouvernemental, éclate dans cet état d'âme qu'il imprime aux malheureux représentants des susdites classes supérieures civilisées, qui sont doués d'une certaine finesse de perception, et surtout d'une capacité, pas encore tout à fait usée, de distinguer le bien du mal. Toute l'horreur de cette situation tragique dans laquelle se trouve notre société se montre avec la plus grande force, non dans la comtemplation grossière d'un capitaine sauvage, irresponsable, non dans les actes bestiaux de soldats tout à fait abrutis et même irresponsables mais dans ceci : que les hommes sensibles, instruits, souvent bien pensants, qui savent ce qui se passe chez les Doukhobors, peuvent tranquillement se mettre à table, se coucher, caresser leurs enfants, sans dire le mot qui dépend d'eux et qui pourrait aider à faire cesser les souffrances de leurs frères persécutés.

Comment ne se révoltent-ils pas de ce qui se fait en leur nom ? Comment ne se hâtent-ils pas de donner des ordres pour faire cesser ces horreurs ? Comment peuvent-ils indifféremment, l'un après l'autre, répéter comme apprise par cœur, la phrase que c'est « triste, regrettable » mais « qu'il ne peut pas en être autrement ? » Pourquoi aussi humilient-ils et oppriment-ils leur âme en s'inclinant si servilement devant les opinions et les traditions des hommes qui ont vécu leur temps ?... Il suffit de se poser ces questions pour voir, non pas même en théorie, mais clairement, en pratique, toute l'influence étouffante, diabolique, sur une âme humaine, de ce principe du militarisme gouvernemental avec tous les sophismes de l'Église et de la science qui le justifient.

Je m'adresse à vous, lecteurs du monde officiel, et au nom du Dieu de miséricorde et d'amour, je vous supplie de faire attention à ce qui arrive en ce moment à vos frères, sous l'aile du pouvoir auquel est liée votre activité.

Entrez pour un moment dans la situation de ces hommes qui souffrent et qui périssent parce qu'ils ne veulent pas agir contre leur conscience. Imaginez ces femmes qui pleurent sans consolation d'avoir été séparées par force de leurs maris ; ces enfants qui tombent malades et meurent faute de nourriture ; ces mères qui se tiennent à peine debout et qui soignent leurs enfants mourants et les ensevelissent l'un après l'autre ; ces adolescents vigoureux, arrêtés comme criminels parce que, suivant les traditions de leurs ancêtres et les exigences de leur conscience, ils n'osent pas devenir des assassins, et qui après des supplices, dont nous-mêmes ne pouvons nous faire idée, sont installés malades et épuisés à trois mille kilomètres de leurs familles ; ces pères de familles déportés depuis onze ans et qui n'ont pas vu leurs femmes et leurs enfants ; ces malheureux dénonciateurs avilis par la peur et par l'argent et qui, comme le racontent les témoins oculaires, tâchent, avec le vin, le tabac et la débauche, d'étouffer ces souffrances d'enfer qu'ils éprouvent dans leur âme. Imaginez-vous tout cela pour un moment, et alors, non devant les hommes, ni devant l'État ou l'Église, mais devant Dieu, répondez-nous : le faut-il ainsi ou non ?

Toutes ces horreurs ne sont même pas nécessaires à la gloire de l'État ou de l'Église au nom desquels vous étouffez en vous les exigences de votre cœur. Et si ces horreurs sont en effet nécessaires, n'est-ce pas la meilleure preuve que le principe même n'est pas très solide et qu'au moins, il y a quelque chose en lui qui ne fonctionne pas bien et qui demande des réformes ?

Au nom de tout ce qui vous est cher et sacré, au nom de votre pauvre âme asservie, je vous supplie de vous réveiller de la torpeur qui vous a envahis et de vous hâter de tendre la main et de venir en aide à vos frères suppliciés pour avoir cru en la possibilité de l'amour de Dieu et du prochain, et qui se sont décidés à souffrir et à mourir plutôt que de renoncer à cet amour.

Pour l'amélioration du sort de ces martyrs et principalement pour votre propre bien spirituel, que Dieu veuille qu'il se trouve parmi vous des hommes capables de sentir la pitié courageuse envers vos frères et la révolte hardie contre l'erreur commise envers eux, des hommes capables de faire tout ce qui est en leur pouvoir pour amener la cessation de ces horreurs et la délivrance de ceux qui souffrent.

 Purleigh, 16 juin 1898.

V. T<small>CHERKTOV</small>.

1. ↑ Écrit en 1898
2. ↑ « La cruauté inutile », « Au secours », « La situation des Doukhobors au Caucase en 1896 », « Les lettres de P. V. Olkhovik ».
3. ↑ Le lecteur ne doit pas oublier que cet article date de 1898, c'est-à-dire avant l'émigration des Doukhobors au Canada. N. d. T.

X
LETTRE AUX DOUKHOBORS DU CAUCASE
(1898)

« Chers frères qui souffrez pour la doctrine du Christ,

« Notre frère J. P. N., en rentrant à la maison, est venu chez moi, et je voudrais vous écrire que non seulement moi, mais beaucoup, beaucoup de personnes chez nous et à l'étranger, s'intéressent à vous et ont peur pour vous. Si Dieu le veut, nous enverrons à vous, à vos enfants, à vos femmes, à vos vieillards et à vos malades, l'aide matérielle et l'aide spirituelle que nous pourrons ; mais beaucoup, d'ici et de l'étranger, nous font vous demander de ne pas nous laisser sans votre aide. Cette aide est dans ce que vous, les premiers, avez montré l'exemple de la marche dans la voie du Christ ; et il est plus facile de suivre que d'aller devant. Vous marchez en avant, et beaucoup vous en remercient. Le Christ a dit : « On m'a chassé et l'on vous chassera », et ces paroles se réalisent. C'est très regrettable pour les enfants et les vieillards, mais on plaint encore davantage les persécuteurs. Ils ne savent pas encore que ce n'est pas vous qu'ils chassent, mais le Christ, celui même qui est venu les sauver. Ils voient leurs péchés, mais ils en sont tellement enveloppés qu'ils ne peuvent s'en débarrasser, et font leur mauvaise besogne. Que Dieu les aide à se rappeler et à s'unir à nous.

« J. P. m'a raconté comment vos frères qui souffrent à cause du refus à la participation des œuvres de Satan, de l'assassinat, ont agi envers ceux qui n'ont pu supporter la persécution et ont consenti à servir. Si ceux qui souffrent eux-mêmes pour l'œuvre du Christ ont demandé pardon à ceux qui n'ont pas supporté la persécution, pour les souffrances qu'ils ont endurées en suivant l'exemple et l'exhortation des frères, alors que dois-je faire, moi qui n'ai pas eu l'honneur de souffrir pour l'œuvre du Christ ? Comment dois-je implorer le pardon de tous ceux que mes paroles et mes écrits ont conduits aux souffrances.

« Celui qui souffre pour l'œuvre du Christ, non par l'inspiration des hommes, mais parce qu'il ne peut agir autrement devant Dieu, n'a besoin ni de consolations, ni de récompenses humaines, mais pour celui qui agit non pour Dieu, mais pour la gloire des hommes, c'est lourd, et il faut le consoler, le soutenir et lui demander pardon s'il souffre à cause de nous.

« C'est pourquoi, mes frères, ne persistez pas dans votre refus du service d'État, si vous ne le faites que pour éviter le reproche d'être faibles. Si vous pouvez faire ce qu'on demande de vous, faites-le, délivrez ainsi des souffrances vos faibles femmes, vos enfants, vos malades, vos vieillards. Si en l'homme n'est pas ancré l'esprit du Christ, qui ne lui permet pas d'agir contrairement à la volonté de Dieu, alors chacun de nous doit, pour l'amour des siens, renoncer au passé et se soumettre ; et personne ne vous condamnera pour cela. Ainsi devez-vous agir si vous le pouvez.

« Et si l'esprit du Christ est ancré en l'homme, et s'il vit non pour soi, mais pour remplir la volonté de Dieu, alors, malgré son désir de faire tout pour les siens qui souffrent, il ne pourra faire cela, pas plus qu'un homme ne peut soulever 100 pouds. Et si c'est ainsi, alors, l'esprit du Christ qui s'oppose aux œuvres du diable enseignera comment agir et consolera de leurs souffrances les siens et ses proches.

« Je voudrais vous parler encore beaucoup, et savoir plus sur vous. Si Dieu le veut, nous verrons.

« Maintenant, au revoir, mes frères, je vous embrasse.

« Votre faible frère, mais qui vous aime.

« Léon Tolstoï. »

XI
L'ÉMIGRATION DES DOUKHOBORS AU CANADA

Dès le commencement de 1898, les Doukhobors se mettaient en instance pour obtenir du gouvernement l'autorisation de quitter la Russie : à cet effet, les représentants de leurs communes remirent une requête à l'impératrice douairière, Marie Feodorovna, lors de son séjour au Caucase. De Sibérie, où il avait été déporté, Pierre Vériguine, l'un des plus actifs promoteurs du mouvement doukhobor, écrivait à l'impératrice Alexandra Feodorovna ; tandis que, de leur côté, les Quakers anglais s'adressaient à Nicolas II.

Ces efforts eurent ce résultat, qu'en février 1898, les Doukhobors reçurent la permission officielle d'émigrer à l'étranger. Aussitôt, à Londres, les Quakers instituèrent un comité chargé de recueillir de l'argent pour que cette émigration pût s'effectuer, et Léon Tolstoï écrivit dans ce sens un appel qui fut traduit dans toutes les langues. Grâce à ces initiatives, les sommes nécessaires à un premier départ furent réunies, et, le 19 août (nouveau style) de 1898, 1126 Doukhobors quittèrent la Russie pour toujours.

I

Ce premier groupe se dirigea sur l'île de Chypre. Malgré ses conditions de vie défavorables, son climat malsain, l'île de Chypre avait été choisie pour ce motif qu'elle appartient à l'Angleterre, c'est-à-dire à un pays où le service militaire n'est pas obligatoire ; de plus, cette île est sur la route qui va du Caucase en Amérique, ou les Doukhobors pourraient plus facilement se rendre si le pays était par trop inhospitalier.

Le comité des Quakers avait à sa disposition 50.000 francs, les Doukhobors en avaient 117.500, c'est-à-dire presque tout l'argent nécessaire pour leur voyage du Caucase à l'île de Chypre.

Les débuts de l'émigration ne furent pas heureux. Alors que les 1126 Doukhobors avaient déjà vendu tous leurs biens et étaient arrivés à Batoum pour franchir la frontière, le gouvernement anglais, qui ne montre jamais de ces exigences envers les immigrants, demanda une garantie d'argent de 625 fr. par personne, pour s'assurer qu'il n'aurait pas à entretenir les Doukhobors à ses frais. Les Doukhobors durent donc s'arrêter à Batoum. Leur situation était des plus critiques : les autorités russes exigeaient leur départ immédiat et, d'autre part, ils n'étaient pas en mesure de payer la garantie. Dans les milieux gouvernementaux, il y eut un homme politique qui lança un projet d'installation des Doukhobors dans la Mandchourie, en vue de la russifier ; et, en même temps, commençait dans la presse russe, même la plus libérale, une campagne contre l'émigration des Doukhobors, qui devait « compromettre la

Russie aux yeux de toute l'Europe ». Les Doukhobors envoyèrent à Londres télégramme sur télégramme, et, dans cette circonstance encore, les Quakers agirent avec tant d'énergie qu'ils réussirent à faire abaisser la somme de garantie de 625 à 375 fr. par tête et obtinrent qu'une partie seulement de cette garantie fût versée comptant, et que tels et tels personnages éminemment solvables eussent la responsabilité du reliquat ; d'ailleurs, en trois jours, ils avaient recueilli 125.000 fr. et la garantie exigée par le gouvernement anglais fut versée dans ce délai.

Le 26 août, les 1.126 Doukhobors débarquèrent à l'île de Chypre.

Le climat fut terrible pour eux : presque tous tombèrent malades ; 60 moururent. Au surplus, il y avait peu de terrain disponible : le départ des Doukhobors avait été trop précipité, les préparatifs de réception, insuffisants. Ce fut d'abord la Compagnie coloniale, qui leur loua des terres ; mais elles étaient mal situées : ils durent les abandonner après y avoir dépensé d'assez fortes sommes. Il en fut de même pour une autre ferme qu'on leur loua ensuite. Désormais les Doukhobors ne demandaient qu'à quitter l'île de Chypre.

L'émigration au Canada fut beaucoup plus heureuse.

Le comité avait beaucoup plus d'argent, et cet argent provenait en grande partie du dernier roman de Léon Tolstoï, *Résurrection*, qui fut traduit simultanément dans toutes les langues. D'ailleurs, la grande étendue des terrains inoccupés et leur bon marché, la qualité des terres de culture, l'abondance de l'eau et du bois, l'absence de toute demande de garantie, l'aide bienveillante donnée aux immigrés par le gouvernement local, la liberté politique, toutes ces considérations, jointes à la non-obligation du service militaire, devaient faire du Canada la terre promise des Doukhobors.

Les pourparlers avec le gouvernement du Canada furent engagés par Khilkov et Mood qui étaient partis pour l'Amérique en avant-coureurs. Un immense territoire fut acquis de la Société des chemins de fer du Canada qui fit aux Doukhobors une remise de 50 % sur le prix des terrains. Le gouvernement paya à Mood, qui la versa à la caisse commune des Doukhobors, une somme considérable pour lui avoir amené des émigrants. Dans ces conditions, il fut possible de transporter au Canada près de 4.000 Doukhobors.

Un premier convoi de 2.060 personnes fit la traversée sur un bateau à vapeur loué à cet effet « Lake Huron » de la Compagnie « Beaver Line ». Les dépenses pour le transport de ce premier groupe se répartirent ainsi :

1° Chemin de fer des Communes jusqu'à Batoum	7.925 fr.
2° Traversée en bateau de Batoum au Canada	150.000 fr.
3° Assurance du bateau	4.500 fr.
4° Nourriture pendant le voyage.	7.500 fr.
5° Chemin de fer au Canada	52.025 fr.
	En tout : 221.950 fr,

Le « Lake Huron » débarqua à Halifax, et là une réception triomphale fut faite aux Doukhobors par les habitants. Les Doukhobors entonnèrent l'hymne « Seigneur, nous te glorifions » ; les Quakers y répondirent par : « Salut à vous », et leur pasteur, Boullemeyr, adressa aux immigrants une allocution enthousiaste.

Le « Lake Huron » amenait près de 2.000 personnes, parmi lesquelles il y avait 629 hommes, 673 femmes et 780 enfants des deux sexes.

Sous la rubrique « hommes », nous avons classé toutes les personnes mâles de 20 à 85 ans ; la plupart ont de 20 à 25 ans ; cependant on compte 60 vieillards ayant plus de 60 ans. Quelques femmes ont de 80 à 85 ans, mais la très grande majorité est âgée d'environ 40 ans.

Le bateau « Lake Huron » avait quitté Batoum le 22 décembre. À Constantinople, le nombre des voyageurs s'augmenta d'un jeune médecin russe, Alexis Bakounine, et d'une doctoresse en médecine, Maria Sasse : tous deux avaient offert leurs services sans rémunération. Pendant la traversée, on eut à enregistrer dix décès… une femme de 86 ans, un homme de 46, et huit enfants.

Six mariages furent célébrés sur le bateau avec un cérémonial des plus simples.

Les fiancés et leurs parents s'assemblaient sur le pont ; le futur époux s'approchait de sa fiancée, lui prenait la main et répétait sa demande en mariage : les nouveaux époux s'embrassaient, et la cérémonie était terminée.

Pendant la route, il y eut une naissance. C'est pendant une tempête que la première petite Doukhobor naquit sous l'ombre du drapeau britannique. Les parents appelèrent leur fille : Canada.

Parmi ces Doukhobors migrateurs, deux surtout méritaient l'attention : deux vétérans de la guerre de Crimée, Makhortov et Borkov.

Makhortov a maintenant 86 ans. Pendant la guerre de Crimée, il était matelot à bord du « Catherine II ». Après la guerre, Markhotov se rendit au Caucase ou il vécut paisiblement parmi les Doukhobors pendant cinq années ; en 1888, lui et cinq de ses camarades furent déportés dans le gouvernement d'Arkhangel, pour avoir fait de la propagande en faveur du refus du service militaire : deux de ses compagnons moururent depuis ; deux autres sont allés comme lui au Canada ; le cinquième, le plus éminent, Pierre Vériguine, est actuellement en Sibérie.

L'autre vétéran, Borkov, a 85 ans : il a passé de longues années en prison, pour avoir fait la même propagande.

III

Une semaine après l'arrivée du premier bateau, un deuxième convoi de 1.900 Doukhobors arriva sur le « Lake Superior ». Ce bateau fut tenu en quarantaine pendant vingt et un jours. Heureux retard, car les bâtiments destinés à recevoir les nouveaux arrivants n'étaient pas prêts.

Le gouvernement canadien était très soucieux de transférer au plus vite les Doukhobors dans les campagnes, car on était en février 1899, et on attendait, fin de mars, un grand nombre d'immigrants pour lesquels on aurait besoin des bâtiments encore occupés alors par les Doukhobors. (Dans chaque ville du Canada, il y a des bâtiments où les immigrants sont logés en attendant leur installation). Un grand nombre d'ouvriers auxquels s'adjoignirent 150 Doukhobors partirent pour construire des bâtiments provisoires. On en bâtit deux pour commencer : l'un sur les bords du Swan River ; l'autre sur Dead Horse Creek ; le terrain où fut construit le premier fut nommé Campagne du Nord, l'autre Campagne du Sud.

Dans cette campagne du Swan River, 1.300 Doukhobors vinrent s'installer ; les autres et tous ceux qui étaient arrivés par le deuxième convoi s'installèrent dans la campagne Dead Horse Creek.

Dès le printemps, les Doukhobors commencèrent les semailles du blé.

Tout Doukhobor âgé d'au moins dix-huit ans reçut un lot de terrain. On décida de ne pas déboiser la campagne.

Au Canada, tout le territoire est divisé en lots de 6 kilomètres carrés. Chaque carré s'appelle township ; chaque township est divisée en 36 sections ; chaque section se divise à son tour en 4 homesteads. Tout immigrant ou toute veuve avec ses enfants a le droit d'occuper un homestead en payant 52 francs. Les mêmes droits furent accordés aux Doukhobors, mais en outre on les autorisa à occuper, non seulement les terrains appartenant à l'État (Dominion Lands), mais les terrains qui appartiennent aux Compagnies de chemins de fer. Dans les townships toutes les sections sont numérotées de 1 à 36, toutes les sections de numéros pairs appartiennent à l'État et toutes les autres appartiennent aux Compagnies de chemins de fer, sauf les sections 11 et 29 que l'État a concédées aux écoles. Les Compagnies de chemins de fer ont vendu leurs terrains aux Doukhobors à raison de 30 à 75 francs le homestead. L'État a accordé aux Doukhobors un certain délai pour le paiement des terrains. Dans les provinces où se sont installés les Doukhobors (Nord West territories), les habitants ne payent pas d'impôt. Leur seule obligation est d'entretenir les chemins vicinaux, et tout propriétaire d'un homestead doit consacrer, annuellement, deux journées de travail à cet entretien.

Aussitôt les travaux d'aménagement commencés, les Doukhobors se mirent en quête de bestiaux et de semences.

Les Quakers et la Société des femmes du Canada leur vinrent en aide, de sorte que bientôt les immigrants eurent les bêtes de somme nécessaires.

L'organisation du travail des Doukhobors fut l'œuvre de M. Krear, l'un des chefs de l'immigration. Grâce à lui, plusieurs centaines de Doukhobors furent bientôt employés dans les Compagnies de chemins de fer où ils gagnent, outre la nourriture, deux dollars et demi par jour.

Au mois de juin, un troisième convoi de Doukhobors arriva à Québec : c'étaient les Doukhobors de l'île de Chypre. Ils s'installèrent sur la rive droite du fleuve Assinie Boyine. Peu de temps après, un quatrième bateau amenant deux mille Doukhobors de la province de Korsk arriva. Ils s'installèrent à proximité de Swan River.

En résumé, la situation des Doukhobors au Canada est la suivante. Au nombre de 7.000 environ, ils possèdent des terrains immenses, mais le manque de fonds fait obstacle à leur développement agricole. Les Doukhobors avaient déjà adressé une demande d'argent au gouvernement du Canada, en offrant comme garantie les homesteads qu'ils occupaient, lorsque spontanément deux particuliers, l'un anglais, l'autre américain, leur avancèrent l'argent nécessaire, sans autre garantie que leur parole.

Cet argent leur a été prêté pour un laps de cinq à six ans, moyennant un intérêt de 5 %. Cet emprunt a permis aux immigrés d'acheter des bestiaux et de faire construire des maisons ; ils ont déjà fondé trente-six villages.

Ainsi la question des Doukhobors est à peu près résolue, peu restent encore au Caucase.

Les Doukhobors ont gardé leurs habitudes, leurs mœurs et leur doctrine évangélique et pure. Un fait, qui est récent, en peut donner une idée. Des enfants doukhobors et anglais jouaient ensemble : l'un des jeunes Doukhobors bouscule un petit Anglais ; celui-ci, tout en pleurs, court à la maison, tandis que les petits Doukhobors se sauvent, sauf un seul, un enfant de dix ans, qui n'avait pas pris part au jeu. Le père du petit Anglais se précipite sur cet enfant, qu'il croit le coupable, et lui donne un si violent coup de pied qu'il le tue net. Il fut arrêté le soir même… La commune des Doukhobors à laquelle appartenait la victime adressa aussitôt aux autorités la pétition suivante :

« Par cette requête, nous demandons que l'homme qui a tué l'enfant ne soit pas puni. Nous sommes sûrs qu'il souffre déjà dans son cœur, et nous le plaignons, car nous aussi avons perdu la tranquillité et avons souffert dans notre cœur. Déjà un enfant est mort et l'idée nous est insupportable que sa mort doive être rachetée par une autre vie humaine. »

N'est-ce pas là une belle introduction à un nouveau droit criminel ?

J. W. B.

XII
LETTRE AUX DOUKHOBORS ÉMIGRÉS AU CANADA

« Mes chers frères et sœurs,

« Nous tous, qui professons la doctrine chrétienne et qui voulons tenir notre vie en accord avec elle, avons besoin de nous entr'aider : or, la façon la plus efficace de s'entr'aider, c'est de se montrer l'un à l'autre les péchés et les erreurs dans quoi nous tombons sans nous en apercevoir nous-mêmes. Moi qui demande à mes frères de me prévenir contre les péchés et les séductions auxquels je pourrais céder, je crois de mon devoir, mes chers frères et sœurs, de vous montrer la séduction à laquelle succombent, ai-je appris, quelques-uns d'entre vous.

« Vous avez souffert, vous avez été expulsés, et maintenant encore vous êtes en proie à la misère parce que vous avez voulu professer la foi chrétienne, non pas en paroles, mais en fait. Vous avez renoncé à toute violence envers votre prochain. Vous avez refusé le serment ; vous avez même brûlé vos armes afin de n'être pas tentés de vous en servir pour votre défense, et, malgré la persécution, vous êtes restés fidèles à la doctrine chrétienne. Vos actes sont connus de tous les hommes, et les ennemis de la doctrine chrétienne en ont été confondus et ils vous ont enfermés, déportés ou expulsés, en s'efforçant, vainement, de cacher vos actes aux autres hommes. Les hommes honnêtes se sont réjouis. Ils vous ont glorifiés en essayant de suivre votre exemple. Ce que vous avez fait a beaucoup contribué à la destruction du mal et à la confirmation des hommes dans la vérité. Maintenant, j'apprends par des lettres de nos amis que la vie de beaucoup d'entre vous, au Canada, est telle, que les amis de la doctrine chrétienne en sont troublés, tandis que ses ennemis se réjouissent et triomphent. « Vous le voyez ! disent maintenant les ennemis du Christ, dès que vos Doukhobors ont été installés au Canada, dans un pays libre, ils ont commencé à vivre comme tous les hommes : ils amassent des biens, chacun pour soi, et non seulement ils ne les partagent pas avec leurs frères, mais ils s'efforcent de les accroître avarement. Ainsi, la preuve est faite : tout ce qu'ils ont fait avant, ils l'ont fait sur l'ordre de leurs chefs, sans comprendre eux-mêmes pourquoi. »

« Mes chers frères et sœurs, je sais et je comprends la difficulté de votre situation en pays étrangers, parmi les étrangers qui ne donnent rien à personne sans argent ; je sais aussi combien il est difficile de s'imaginer que le prochain puisse avoir besoin de quelque chose ; je sais aussi qu'il est difficile de vivre en communauté et combien il est pénible de travailler pour ceux qui dépensent sans scrupule le produit du travail des autres. Je sais tout cela, mais je sais aussi que, si vous voulez continuer à vivre de la vie chrétienne et si vous ne voulez pas renoncer à tout ce pourquoi vous avez souffert, il vous est impossible de vivre comme tout le monde et d'amasser séparément, pour vous et vos familles, des biens que vous aurez à défendre contre la convoitise d'autres hommes. Vous semblez croire qu'on peut être chrétien et détenir une propriété envers et contre les autres hommes. Mais c'est là une erreur et il faut que l'on s'en rende bien compte : sinon, il ne restera bientôt de la vie chrétienne que des mots, et, malheureusement, des mots mensongers et hypocrites. Christ a dit : « On ne peut servir Dieu et Mammon. » Il faut ou bien amasser des biens pour soi, ou bien vivre pour Dieu. Il semble tout d'abord qu'entre le renoncement à la violence et le refus du service militaire, d'une part, et l'acceptation du principe de la propriété, de l'autre, il n'y ait aucune relation. « Nous, chrétiens, nous n'adorons pas des dieux étrangers, nous ne prêtons pas serment, nous ne jugeons pas, nous ne tuons pas — disent beaucoup d'entre vous — et, en acquérant par notre travail la propriété, non dans un but cupide, mais pour assurer l'existence des nôtres, non seulement nous ne violons pas la doctrine du Christ, mais encore nous nous y conformons, sous réserve de secourir les pauvres de notre superflu. »

« Mais, ce n'est pas vrai. La propriété implique que, non seulement je n'abandonnerai pas mon bien à qui voudra le prendre, mais que je le défendrai contre lui. Et on ne peut défendre contre un autre ce qu'on croit être à soi, autrement que par la violence, c'est-à-dire, le cas échéant, par la lutte et, s'il le faut, le meurtre. Sans violence et sans meurtre, la propriété ne saurait se maintenir. Si nous détenons la propriété sans commettre nous-mêmes des violences, c'est uniquement parce que notre propriété est garantie par les violences des professionnels qui ont pour tâche de maintenir la propriété. Admettre la propriété, c'est admettre la violence et le meurtre, et ce n'était pas la peine de refuser le service militaire et policier pour admettre la propriété, qui ne se maintient que parle service militaire et policier.

« Ceux qui accomplissent le service militaire et policier et profitent de la propriété, agissent mieux que ceux qui refusent tout service militaire ou policier, tout en jouissant de la propriété. Ceux-ci ne servent pas eux mêmes, il est vrai ; mais ils profitent du service des autres. On ne peut pas fractionner la doctrine chrétienne. Elle forme un bloc indivisible. Si l'homme veut être fils de Dieu, il faut qu'il admette que l'amour du prochain découle logiquement de cette filiation ; et l'amour du prochain est incompatible avec le serment, la violence, le service militaire et la propriété.

« En outre, la passion de la propriété est en elle-même une chose mauvaise que Christ nous a dénoncée. Il a dit que l'homme ne doit pas songer au lendemain, et cela non pas parce qu'il y a un mérite à agir ainsi, ni parce que Dieu l'a ordonné, mais uniquement parce que cette préoccupation est puérile en elle-même. On ne saurait sérieusement songer au lendemain, et celui qui le tente, tente l'impossible, ce qui revient à commettre une sottise. Premièrement : il est impossible à l'homme de s'assurer le lendemain, puisque l'homme est mortel. C'est ce que montre la parabole du riche qui a amassé de grandes provisions de farine. Et deuxièmement, parce qu'on ne saurait prévoir d'une manière exacte pour combien de temps il faut s'assurer l'avenir. Est-ce pour un mois ? pour une année ? pour dix ans ? pour trente ? Et puis, faut-il se préoccuper de soi-même seulement, ou bien encore de ses enfants et petits-enfants ? Et sous quel rapport ? sous le rapport de la nourriture, du vêtement, de l'habitation ? Et, en ce cas, de quelle nourriture et de quel genre d'habitation ? Celui qui commence à se préoccuper du lendemain n'en verra jamais la fin et ne fera que perdre sa vie inutilement, ainsi qu'il est dit : « Quiconque voudra conserver sa vie, la perdra. » Est-ce que nous ne voyons pas des riches vivre malheureux et des pauvres contents ? L'homme n'a pas à se préoccuper.

« Le Christ a dit : « L'homme est sous la garde de Dieu, comme le sont les oiseaux du ciel et les fleurs des champs. »

« Oui, mais si les hommes ne travaillaient pas, s'ils ne labouraient pas, ne semaient pas, ils mourraient de faim ! » disent ordinairement ceux qui ne comprennent pas ou ne veulent pas comprendre la doctrine du Christ. Cette doctrine n'est pas un jeu de mots. Christ ne défend pas à l'homme de travailler. Non seulement il ne lui conseille pas d'être oisif ; au contraire, il lui ordonne de toujours travailler ; mais il lui dit de ne pas travailler seulement pour lui-même, de travailler aussi pour son prochain. Il est dit : « Le fils de l'homme est venu, non pour qu'on le serve, mais pour servir les autres, et celui qui travaille a le droit de manger. » L'homme doit travailler le plus possible, mais ne pas garder pour lui-même ni considérer comme sien le fruit de son travail. Il doit le donner aux autres. Pour s'assurer l'existence le plus sûrement, l'homme n'a qu'un moyen, et ce moyen est celui qu'a enseigné Christ : travailler le plus possible et se contenter du moins possible. L'homme qui agira ainsi aura la vie assurée partout et toujours.

« On ne peut pas diviser la doctrine chrétienne, en accepter un point et en rejeter tel autre. Si ceux qui acceptent la doctrine chrétienne rejettent la violence et la guerre, ils doivent aussi renoncer à la propriété, car la violence et les tribunaux ne sont là que pour défendre la propriété. Si les hommes tiennent à conserver la propriété, il leur faut admettre la violence, les tribunaux et toutes les institutions analogues. La propriété est d'autant plus redoutable que son fonctionnement est plus insidieusement caché aux hommes, et c'est ce qui fait que beaucoup de chrétiens succombent à cette tentation.

« C'est pourquoi, mes chers frères et sœurs, en arrangeant votre vie en pays étranger après avoir été chassés de votre patrie à cause de votre fidélité à la doctrine du Christ, je vois clairement qu'à tous égards, il est plus avantageux pour vous de continuer à vivre de la vie chrétienne que de changer pour commencer à vivre de la vie du monde, qu'il est plus avantageux de vivre en travaillant en commun avec tous ceux qui veulent vivre de la même vie que la vôtre, que de vivre chacun à part en amassant seulement pour soi et sa famille les fruits de son labeur. il est plus avantageux de vivre ainsi :

« 1º Parce qu'en ne songeant pas à l'avenir, vous ne dépenserez pas inutilement vos forces pour cette chose illusoire : assurer l'avenir de soi-même et de sa famille ;

« 2º Parce que vous ne dépenserez pas de forces pour lutter contre les autres afin de protéger votre bien ;

« 3º Parce que vous travaillerez et produirez beaucoup plus en travaillant en commun qu'en travaillant chacun pour soi ;

« 4º Parce qu'en vivant en commun, vous dépenserez beaucoup moins qu'en vivant chacun à part ;

« 5º Parce qu'en vivant de la vie chrétienne, au lieu d'exciter l'envie et l'hostilité des hommes qui vous entourent, vous déterminerez chez eux, à votre égard, de l'estime et de l'affection et peut-être les convertirez-vous à votre vie ;

« 6º Parce que, en agissant ainsi, vous ne détruirez pas l'œuvre que vous avez commencée et par laquelle vous avez fait honte à vos ennemis et avez réjoui les amis du Christ.

« Enfin, il est plus avantageux pour vous de vivre de la vie chrétienne, parce qu'en vivant ainsi, vous saurez que vous faites la volonté de Celui qui vous mit sur la terre.

« Je sais qu'il est difficile de n'avoir rien à soi, d'être prêt à donner à qui le demande ce qu'on avait pour soi et sa famille ; d'obéir aux chefs élus quand on croit qu'ils donnent des ordres fâcheux ; de supporter les défauts d'autrui ; de s'affranchir des habitudes de luxe et de s'abstenir de viande, de tabac et de vin. Je sais que tout cela semble très difficile, mais, mes chers frères et sœurs, aujourd'hui nous sommes vivants et demain nous irons vers Celui qui nous a mis sur la terre pour observer sa loi.

« Est-ce bien la peine d'appeler des choses siennes et d'en disposer à son gré ? Est-ce la peine pour quelques livres de farine, pour quelques dollars, pour une pelisse, pour une paire de bœufs, de ne pas faire participer au fruit de votre labeur ceux qui ne travaillent pas ? Pour un mot blessant, est-ce la peine d'aller contre la volonté de Celui qui nous a mis sur la terre ? Et il ne nous demande pas beaucoup : il veut seulement que nous fassions aux autres ce que nous voulons qu'on nous fasse ; et il veut cela, non pour lui-même, mais pour nous. Car si seulement nous consentions à agir ainsi envers tout le monde, notre vie sur la terre serait aussi heureuse que possible. Mais, bien que, maintenant, tout le monde vive contrairement à la volonté de Dieu, il n'y a aucun avantage pour l'homme qui a compris son rôle sur la terre à faire autre chose que ce pourquoi il a été créé.

« Moi, vieillard au terme de mes jours, je vois cela très clairement, et vous, chers frères et sœurs, si vous réfléchissez un instant, vous verrez la même chose aussi nettement que moi. Vous comprendrez que l'homme ne perd rien, mais qu'il gagne, au contraire, à vivre, non pour lui, mais pour réaliser la volonté de Dieu. Il est dit :

« Cherchez le royaume du ciel et la vérité, et le reste vous sera donné au centuple. »

Tout homme est à même de vérifier ces paroles. Vous savez qu'elles sont vraies, et voilà que vous vous mettez à rechercher les biens et les plaisirs de ce monde : or, vous ne les trouverez pas et vous perdrez le royaume du Ciel.

« En ce qui est de l'organisation de votre vie commune, je n'ose pas vous donner de conseils, car je sais que vous, et surtout vos vieillards, êtes expérimentés et sages. Je sais seulement que tout sera bien si chacun de vous se soumet à la volonté de Dieu ; et sa volonté est exprimée dans le commandement d'amour. Acquérir la propriété pour soi, la défendre contre les autres, c'est agir contrairement à la volonté de Dieu et à ses commandements.

« Je vous demande pardon.

« Votre frère qui vous aime,
« Léon Tolstoï »

XIII

AUX DOUKHOBORS DU CANADA (1899)

« Chers frères,

« Je vous envoie l'argent recueilli. Je crois qu'il serait bien de regarder cet argent, ainsi que les autres secours que vous recevez des hommes bons, et des frères qui travaillent, comme votre fortune commune, et de ne pas le partager individuellement, mais de donner plus à ceux qui ont plus besoin. Vos vieillards et vos amis vous aideront à cette répartition.

« J'ai appris que vous aviez supporté beaucoup de misères et que vous souffrez encore maintenant. Que Dieu vous aide à supporter les maux qui vous sont envoyés dans l'esprit chrétien de soumission à la volonté de Dieu, avec la douceur et la fraternité dans lesquelles vous avez vécu au Caucase, en montrant aux hommes l'exemple de la vie du Christ. Toutes les œuvres terrestres, les joies, les douleurs, la richesse, la pauvreté passent sans laisser de trace, seuls vos actes, bons ou mauvais, laissent la trace éternelle dans le monde, en aidant ou en empêchant à l'établissement du royaume de Dieu, et laissent aussi une trace dans notre âme, en l'approchant ou l'éloignant de Dieu.

« Que Dieu vous sauve pour votre bonté.

« Votre frère qui vous aime,

« Léon Tolstoï. »

XIV
LES DOUKHOBORS ET LE GOUVERNEMENT DU CANADA

APPEL À L'HUMANITÉ[1]

Nous nous adressons aux hommes de tous les pays, leur demandant de nous dire s'il n'existe pas quelque part un endroit où nous puissions nous installer et être tolérés sans pour cela être contraints de violer la vérité et les lois de notre conscience. On nous appelle Doukhobors, c'est-à-dire « lutteurs spirituels », et nous voudrions mériter le nom de frères des hommes, parce que nous tâchons d'être des frères pour tous, sans distinction de race ou de nationalité.

Il y a cinq ans, étant au Caucase, nous avons reconnu la nécessité d'observer strictement le commandement : « Tu ne tueras point » et nous avons refusé le service militaire. Grâce à quoi nous nous vîmes forcés, à la fin de 1898 et au commencement de 1899, d'émigrer au Canada, où nous arrivâmes au nombre de 7.000.

Nous y vivons depuis près de deux ans ; mais quand nous avons connu les lois du pays, nous avons adressé au gouvernement du Canada la requête qui suit :

Requête au gouvernement du Canada

Au nom de Dieu et de sa vérité,

De la part des délégués des sociétés de la « Fraternité universelle » près de Yorktown.

Supplique au Gouvernement du Canada.

Tout d'abord nous vous exprimons, de la part des Sociétés qui nous ont délégués, une sincère et profonde reconnaissance pour l'hospitalité que vous nous avez donnée, pour l'aide que vous avez prêtée à notre émigration, et les secours matériels que vous nous avez accordés. Pour tout cela, nous sentons et vous exprimons une cordiale reconnaissance.

Mais maintenant que nous connaissons bien les lois de votre pays, nous sommes forcés de vous demander, en outre, de bien vouloir prendre en considération nos croyances en ce que nous reconnaissons comme la loi de Dieu, et nous donner la possibilité de continuer à vivre dans votre pays sans violer cette loi. Vous admettez sans doute que nous ne devons pas violer sciemment la loi que nous reconnaissons comme l'expression de la vérité établie par Dieu, et cependant nous avons compris qu'obéir à certaines de vos institutions serait violer absolument cette vérité. En vous indiquant plus loin, tout ce qui, dans les institutions de votre pays, est opposé à ce que nous reconnaissons comme la volonté de Dieu et ne pouvons violer, nous vous demandons comme faveur de nous dispenser de l'obéissance à celles de vos institutions qui ne concordent pas avec la vérité divine, afin que nous puissions nous installer définitivement et vivre dans votre pays, sans pour cela violer ouvertement ou sournoisement, directement ou indirectement la vérité de Dieu.

1° Dans le pays que vous dirigez, il est établi que tout émigrant du sexe masculin, ayant atteint 18 ans, peut choisir un terrain, dans les régions non occupées, le faire inscrire à son nom, et en devenir propriétaire. Mais nous ne pouvons nous conformer à cette règle ; nous ne pouvons inscrire les terrains en nos noms personnels et les transformer en propriétés personnelles, car nous voyons en cela une violation évidente de la volonté de Dieu. Quiconque la connaît sait aussi que l'acquisition de la propriété ne concorde pas avec elle. Mais si, par *faiblesse*, on peut encore pardonner à un homme d'acquérir en propriété ce qui est le fruit de son travail et qui est nécessaire à la satisfaction de ses propres besoins : vêtements, nourriture, logement, il est impossible de pardonner à celui qui connaît la loi de Dieu et s'approprie non le fruit de son travail, mais un bien créé par Dieu au profit de tous les hommes. Il est impossible de pardonner à cet homme qui, connaissant la loi de Dieu, transforme la terre en propriété et la fait inscrire à son nom. N'est-ce pas au partage, à l'acquisition de la terre que sont dues principalement les guerres et les querelles entre hommes et qu'existent des maîtres et des esclaves ? La loi de Dieu ordonne aux hommes de vivre fraternellement sans partager, mais en s'unissant et en s'aidant l'un l'autre. Mais si un homme délimite et s'approprie la terre qu'il n'a ni créée ni travaillée, comment alors partagerait-il les fruits de son travail ? Et comme toute violation de la vérité divine excite le mal, ainsi pénétrerait-il chez nous, comme à l'époque où, sans réfléchir, nous avions commencé d'obéir à la loi, opposée à cette vérité, du partage de vos terres aux émigrants.

Déjà la délimitation de la terre entre nos villages a excité parmi nous des désaccords que nous ne connaissions pas avant. Que serait-il donc si chacun de nous devenait le propriétaire d'un terrain à part, et si les terres sur lesquelles nous vivons devenaient propriétés personnelles ? Ce peut être une grande corruption pour le fort, et, pour le faible, c'est la perte morale.

C'est pourquoi, tout ceci considéré, nous vous demandons de ne pas nous donner la terre pour l'installation et le travail agricole aux conditions en vigueur pour les émigrants, mais comme vous le pratiquez vis-à-vis des populations indiennes qui reçoivent une certaine portion de terre sans aucune répartition personnelle. Nous consentons aussi qu'on reconnaisse comme notre propriété commune ou comme celle de notre état la terre qui nous sera accordée ; mais nous préférerions que vous reconnaissiez cette terre comme nous étant donnée en jouissance sans terme. Quant au paiement, nous en donnerons le prix que vous déciderez, s'il est dans nos moyens.

2º Il est aussi de règle dans votre pays que ceux qui se marient doivent, pour la légitimité de leur union, se faire inscrire sur les registres de l'état civil en payant pour cela deux dollars ; le divorce ne peut se faire autrement que par un jugement du tribunal, et celui qui divorce sans y être autorisé par le tribunal est emprisonné fort longtemps, s'il se remarie. Nous ne pouvons non plus nous soumettre à cette institution parce que nous y voyons la violation de la loi de Dieu. Nous ne pouvons admettre que le mariage deviendra légal parce qu'il est inscrit sur un registre de police et qu'on a payé à cet effet deux dollars ; au contraire, nous croyons que cette inscription et ce paiement dégradent le mariage et détruisent sa vraie légalité. Pour nous, le mariage est légal quand il naît et existe librement, et qu'il résulte d'un pur sentiment d'attraction morale, réciproque entre l'homme et la femme. En cela seul est la légalité du mariage selon la loi de Dieu et non pas en l'inscription sur un registre de police et le paiement d'une certaine somme. Tout mariage né de l'attraction morale réciproque sera légal devant Dieu, bien que n'étant pas inscrit sur un registre de police, et bien que la majorité des hommes ne reconnaissent pas sa légalité ; et toute autre union nuptiale faite non librement, mais par la force ou par lubricité ou par calcul, sera toujours illégale devant Dieu, bien qu'inscrite sur tous les livres de police et reconnue légale par tous les hommes.

Ainsi nous pensons que Dieu seul peut légaliser l'union nuptiale, et c'est pourquoi nous ne pouvons pas consentir à ce que la légalisation de nos mariages soit transmise du domaine de Dieu à celui de la police. Quant au divorce, nous pensons que tout homme qui divorce commet l'adultère et force la femme à le commettre également, et que ceux qui se marient avec un divorcé ou une divorcée commettent l'adultère. Mais, d'autre part, nous reconnaissons que la loi de Dieu est la loi de la liberté, que le péché avoué est moindre que le péché caché, et que si le mariage est né non du sentiment pur et moral d'attraction réciproque, ce mariage est illégal et adultère et que, pour ceux qui sont liés par une telle union illégale et le comprennent, il est mieux de choisir de deux maux le moindre, c'est-à-dire de rompre leur union nuptiale. Dans ce cas, le divorce deviendra légal. Dieu pardonne aux divorcés leur péché, les grâcie et leur permet de contracter, selon leur conscience, une nouvelle union nuptiale. Mais ces choses dépendent de la conscience des divorcés et un étranger ne peut les diriger. Ainsi nous estimons qu'aucun homme, qu'aucune institution humaine ne peut prononcer le divorce ; c'est entièrement l'affaire de Dieu et de la conscience des divorcés.

C'est pourquoi nous ne pouvons nous soumettre à aucune institution humaine concernant les unions nuptiales, sachant bien qu'elles sont du domaine de Dieu et de la conscience humaine.

3º Il est encore prescrit dans votre pays que chaque habitant doit faire inscrire les naissances et les décès qui se produisent dans sa famille. Nous ne pouvons davantage nous soumettre à cette règle, car nous n'en voyons pas la nécessité pour l'ordre établi par Dieu. Le Père du Ciel sait, sans aucune inscription sur un registre d'état civil, qui il envoie au monde et qui il en retire, et cette volonté de Dieu est seule nécessaire et importante pour les hommes, car d'elle dépendent la vie et la mort de chacun, tandis que l'inscription sur un registre de police ne signifie rien, et, sans être inscrit au nombre des vivants, l'homme vivra tant que le Père du Ciel ne le rappellera et il peut mourir dès qu'il sera inscrit sur le registre des vivants.

Nous ne refuserons pas de répondre quand on nous demandera le nombre des nouveau-nés et des morts de chacune de nos familles ; si quelqu'un a besoin de le savoir, qu'il nous le demande, mais nous n'en ferons la déclaration à personne.

Maintenant que nous vous avons signalé ce qui, dans les institutions de votre pays, est opposé aux obligations que nous reconnaissons comme la vérité de Dieu, nous demandons encore une fois au gouvernement du Canada de nous accorder ces faveurs relatives à la propriété des terres, au mariage et aux inscriptions sur les registres de l'état civil, afin que nous puissions nous installer au Canada sans devenir les violateurs de la vérité du Dieu que nous adorons.

Cette requête fut signée et envoyée le 22 juin 1900 ; mais les Doukhobors attendirent plusieurs mois avant d'avoir une réponse, et ce n'est qu'à la fin de septembre que les agents du gouvernement du Canada firent parvenir à la commune des Doukhobors la lettre ci-dessous de M. Mood, un Anglais qui vécut longtemps en Russie et qui a pris part à l'émigration des Doukhobors.

Lettre de M. Mood.

« Mes chers frères Doukhobors,

« On m'a envoyé la copie de votre requête au gouvernement du Canada, d'après laquelle je vois que vous désirez obtenir la terre non pas personnellement, mais indivise pour vous tous ou pour chaque village.

« On a déjà parlé de cela en automne 1898, quand Ivan Ivine, Piotre Makhortov, Dimitri Alexandrovitch Khilkov et moi, sommes venus au Canada pour demander au gouvernement de vous accueillir et d'aider à votre émigration.

« D'abord, on ne voulait pas, en principe, que vous viviez en commune, ensuite, on a consenti à vous donner des terres de façon à ce que vous puissiez vivre ensemble, tout en vous conformant aux lois existantes ; chaque homme adulte recevrait 160 acres, et pourrait les confier aux délégués au profit de toute la Société. Aux Indiens, dont les ancêtres vivaient ici avant tout autre peuple, on a laissé des régions indivises, mais à tous ceux qui arrivent maintenant, on ne donne la terre que d'après les lois en vigueur.

« Ainsi, le gouvernement ne vous empêche pas de profiter de la terre en commun : c'est, dit-il, votre affaire ; mais, si quelques-uns parmi vous préféraient la propriété personnelle (comme la plupart des Canadiens), vous ne pourriez les en empêcher que par la persuasion, mais non par l'intervention du gouvernement.

« C'est ce qui a été dit il y a deux ans. Quelle réponse le gouvernement fera-t-il à présent, je l'ignore, mais songez bien qu'il ne sera pas facile de changer les lois foncières : le gouvernement ne peut le faire sans le consentement du peuple et la majorité ne partage pas vos opinions. Moi-même je pense qu'il est très bien que vous désiriez vivre en commune ; mais si la commune ne peut exister qu'autant que les Doukhobors seront empêchés de recevoir la terres individuellement, je ne sais pas si ce sera très bien.

« Vous écrivez encore que vous ne pouvez pas vous soumettre à l'obligation de déclarer les décès et les naissances qui se produiront parmi vous, parce que vous n'en voyez pas la nécessité d'après les lois de Dieu, et que les hommes, dites-vous, meurent également, qu'ils soient inscrits ou non ; mais vous ajoutez que vous ne refuserez pas de répondre si l'on vous interroge sur le nombre des naissances et des décès. Je vous demande de bien réfléchir encore à cette déclaration. Pour ce qui est de la terre, non seulement je vous comprends, mais je sympathise avec vous. Au contraire, pour l'inscription des naissances et des décès, je ne vous comprends pas. Vous-mêmes, du Caucase, avez demandé au gouvernement du Canada de vous indiquer l'endroit où vous tous (plus de 7.000) pourriez vous installer commodément sans déranger les autres habitants ; or, le gouvernement a pu vous donner si vite et si équitablement satisfaction, parce que, précisément au Canada, on tient un compte exact des terres, du nombre des habitants et du mouvement de la population. À présent, après avoir bénéficié de cette organisation, vous écrivez, tout en remerciant d'abord le gouvernement, que vous ne voulez pas donner tels renseignements, non pas parce que c'est contraire à la loi divine, mais seulement parce que vous n'en voyez pas la nécessité d'après cette même loi. Il me semble que c'est bien différent. Vous savez que vous ne devez pas tuer et vous ne tuez pas ; mais que le gouvernement vous demande des renseignements sur les naissances, vous les donnerez si l'on envoie quelqu'un chez vous pour les recueillir, et si l'on vous demande une fois par an de venir pour une déclaration, vous dites que vous ne le pouvez pas. Je trouve que ce n'est pas bien. Si vous avez un motif sérieux d'opposer un refus au gouvernement, il faudrait l'expliquer plus clairement, et cela, de façon que non seulement le gouvernement du Canada, mais moi, les Quakers et tous ceux qui s'intéressent à vous et vous montrent de la sympathie puissent tous savoir pourquoi vous refusez.

« Reste la question des mariages. Je tombe d'accord avec vous, que le mariage n'est pas sanctionné par l'inscription sur le registre ou le paiement d'un impôt, et je pense que la conception que vous en avez est plus claire et plus juste que celle de la majorité des hommes qui vous entourent. Mais il me semble qu'il faut savoir ce qui est essentiel et ce qui ne l'est pas, et s'efforcer, au lieu de créer un désaccord avec ceux qui nous entourent, de vivre en bonnes et amicales relations avec tous ; ainsi je crois, à propos des mariages, qu'on peut se conformer aux lois du Canada sans violer celles de Dieu.

« Chez vous, chacun sait qui il épouse ; quel mal y aura-t-il donc si les nouveaux mariés, par respect pour les institutions du gouvernement, s'inscrivent dans les registres de l'état civil et paient deux dollars ? Vous pouvez bien déclarer que pour vous le mariage n'y consiste pas, et que vous ne donnez pas à l'inscription plus d'importance qu'à la déclaration des naissances et des décès. Quant au divorce et à l'adultère, les lois ne vous gêneront pas si vous vous en abstenez ; personne ne vous demandera de divorcer, personne non plus ne vous empêchera de vivre à part s'il y a consentement réciproque du mari et de la femme. Ainsi on ne vous empêchera même pas de commettre l'adultère, bien que vous-même en fassiez un péché, et que je sois convaincu que c'est chez vous qu'il est le moins fréquent. Réfléchissez que si vos voisins apprennent que vous ne savez pas et ne croyez pas nécessaire de savoir si l'on est uni par le mariage, ils penseront que vous approuvez n'importe quelles relations entre hommes et femmes et cela vous nuira beaucoup aux yeux de tous. Ce sera même un obstacle à l'acceptation des vérités importantes pour lesquelles vous avez tant souffert. Je vous dirai encore : au nom de Dieu, on doit s'abstenir de pécher, mais on ne peut, au nom de Dieu, refuser de se soumettre à des exigences qui ne sont qu'incommodes sans nous mener au péché. Mieux vaut faire une chose désagréable que de se quereller.

« Je vous souhaite tout le bien possible et serai très heureux que l'exemple de votre vie soit utile aux Canadiens et les dispose à apprécier votre morale.

« Alexis Mood. »

À cette lettre, les délégués des Doukhobors ont fait la réponse qu'on va lire et dont la copie a été envoyée au gouvernement du Canada par l'intermédiaire de l'agent des émigrants :

Réponse à M. Mood

Commune Kamenka, 20 septembre 1900.

« Cher frère A. Frantzvitch,

« Nous avons reçu votre lettre concernant notre requête au gouvernement du Canada. Cette lettre a circulé dans toutes nos communes et nous l'avons lue très attentivement, mais elle ne nous a pas causé le plaisir que nous éprouvons d'habitude quand on nous dit la vérité. Quand nous étions opprimés au Caucase, le gouvernement russe, maintes fois, nous a envoyé des émissaires, qui, d'abord, commençaient par nous louer et nous exprimer leur sympathie et ensuite concluaient en disant que nous étions des révoltés et de grands coupables vis-à-vis de l'autorité. À notre grand regret, nous avons remarqué la même chose dans votre lettre.

« Vous écrivez que vous sympathisez avec notre désir de ne pas avoir de propriété foncière, et ensuite, comme pour nous forcer à y renoncer, vous dites que le gouvernement ne nous aidera pas à nous installer en communauté, qu'il est très difficile de modifier les lois foncières, et enfin vous doutez aussi que notre désir soit bon parce que notre commune peut occasionner des violences de personnes et ne peut exister que si chaque individu est privé de la possibilité d'avoir une propriété foncière. Tout cela, il nous est très difficile de le comprendre et l'est d'autant plus si vous êtes sincère en disant que vous sympathisez avec nous, car alors pourquoi nous écrire comme vous faites et ne pas vous adresser au gouvernement du Canada en attestant la raison de nos vœux ? De ceux qui nous sont vraiment sympathiques, nous sommes en droit d'attendre des paroles de réconfort, d'approbation, et non les paroles de blâme décourageantes que nous avons trouvées dans votre lettre. Tant que nous ne serons pas affaiblis et n'aurons pas perdu la foi dans notre œuvre, nous vous répondrons que jamais nous n'avons eu l'idée de demander au gouvernement son appui pour notre installation en commune. Nous avons voulu seulement qu'on ne l'empêchât pas. S'il est très difficile de modifier les lois foncières du Canada, la loi divine que nous voulons suivre avant tout est absolument immuable, et cette loi défend de partager la terre et de se l'approprier ; quant à cette affirmation, que nous priverons quelques-uns de nos frères de la possibilité de sortir de la communauté et d'oublier les lois divines, pour devenir propriétaires fonciers, nous ne comprenons pas d'où vous l'avez tirée.

« Vous nous exprimez une sympathie plus grande encore à propos de notre désir de laisser les questions nuptiales exclusivement dans le domaine de Dieu et de la conscience humaine.

« Vous dites même que nos conceptions à ce sujet sont plus justes que celles de la majorité des hommes qui nous entourent, mais ensuite, aussitôt vous le niez en disant que nous ne discernons pas l'essentiel de ce qui ne l'est pas, et qu'au lieu d'être en relations amicales avec tous, nous cherchons à nous mettre en querelle. Et à ce propos, on peut déduire de vos paroles que vous nous conseillez à la fois de laisser nos unions nuptiales dépendre uniquement de Dieu et de la conscience et, par amitié pour ceux qui nous entourent, de les soumettre aux institutions humaines qui, on le sait, ne peuvent donner à ces unions leur vraie légalité. Il est reconnu que les lois humaines permettent et légalisent à chaque instant des unions nuptiales qui en réalité sont de vraies illégalités : mariages de lucre, de passions mauvaises, d'adultères, et les hommes qui appliquent les lois savent tout cela et cependant ne reconnaissent légaux que les mariages soumis à ces lois, si immoraux soient-ils, selon la vérité divine. Comment donc pourrions-nous soumettre nos relations nuptiales à des lois qui ignorent la vérité, et mettre même ces lois au-dessus de Dieu et de la conscience humaine ? Non, nous restons convaincus que la soumission des unions nuptiales aux institutions humaines équivaut à la négation de Dieu et de la conscience humaine.

« Ce n'est pas nous qui disons que les mariages parmi nous sont plus purs que chez les autres : vous même en témoignez. Pourquoi donc voulez-vous que nous, qui avons des unions nuptiales plus pures sans les soumettre jamais aux institutions humaines, les y soumettions maintenant comme le font les hommes parmi lesquels ces unions nuptiales sont moins pures, selon votre propre témoignage ? Cela ressemble-t-il à de la sympathie, surtout lorsque vous êtes prêt à nous soupçonner de chercher querelle à ceux qui nous entourent, parce que nous refusons de quitter le mieux pour le pire ? Votre conseil de rester fidèles dans nos unions nuptiales non seulement à la loi de Dieu, mais aussi à celle des hommes, nous rappelle ces temps où les premiers chrétiens souffraient les persécutions des autorités romaines. Alors les exécuteurs des lois humaines forçaient les chrétiens à adorer les idoles et les images des empereurs, en les menaçant des supplices en cas de désobéissance ; les autorités trouvèrent un moyen pour convaincre les chrétiens d'obéir aux lois humaines qui sont en contradiction avec celles de Dieu. « Que vous importe de saluer une belle statue ? disaient aux premiers chrétiens les hommes qui étaient chargés du rôle d'émissaires ; pour cela vos têtes ne tomberont pas de dessus vos épaules, et vous ne perdrez rien, au contraire, à satisfaire aux demandes du gouvernement, vous conserverez votre vie, et pourrez servir votre Dieu autant que vous le voudrez ? » Mais les chrétiens de l'antiquité comprenaient clairement que s'ils conservaient leur tête sur leurs épaules en obéissant aux lois du gouvernement, ils perdaient par contre un bien beaucoup plus précieux que la vie terrestre, qu'ils perdaient tout lien avec la vérité de Dieu, la pureté de la foi, source de la vie éternelle. Et ils ont refusé d'adorer les idoles et ils ont souffert les tortures et la mort. Mais le temps a passé et l'ennemi de l'homme a vaincu. Il a conduit les faibles (et ceux-ci, par leur exemple, ont entraîné les forts), à agir de façon à plaire aux autorités et cela sans fâcher Dieu ; il leur a appris que ce serait pour la forme qu'ils s'inscriraient sur les registres de l'État, salueraient les idoles, paieraient aux fonctionnaires pour leur inscription, mais qu'en réalité ils ne salueraient pas. De ce temps, commence la chute du christianisme.

« Vous écrivez encore que vous ne pouvez comprendre pourquoi nous refusons de faire nous-mêmes les déclarations d'état civil, alors que nous ne refusons pas de répondre à ce sujet si l'on nous interroge. Vous n'en voyez pas la raison et pensez que nous avons tort, et vous dites que, si nous avons une vraie raison d'agir ainsi, nous devons l'expliquer afin que tout le monde comprenne. Vous rappelez que vous avez demandé combien de nous désiraient émigrer au Canada, et dites que, maintenant, après avoir profité des avantages de la statistique, nous ne voulons plus nous soumettre à ses exigences.

« Nous vous remercions de nous avoir montré notre erreur et nous vous expliquerons très volontiers ce qui dans notre requête n'est pas clair. Nous vous donnerons l'explication demandée dans l'espoir que vous aurez l'obligeance de la transmettre au gouvernement du Canada et à nos bienfaiteurs Quakers qui, à en juger par vos paroles, s'intéressent à notre sort.

« Nous pensons qu'il y a une grande différence entre la déclaration des renseignements statistiques et ce que demande de nous le gouvernement du Canada. Nous n'avons rien à reprendre à la déclaration des renseignements statistiques ; nous pensons seulement que, s'ils ne sont pas motivés par la nécessité directe, ils sont inutiles ; néanmoins, nous sommes prêts à donner pour la statistique tous les renseignements qu'on nous demandera. Mais nous savons bien que ce n'est pas ce qu'on attend de nous. Si l'on ne voulait que des renseignements statistiques, le gouvernement du Canada se contenterait de recevoir de nous chaque année le nombre des naissances et des décès, sans détails superflus et sans formalités : à première réquisition nous donnerions ces renseignements. Mais nous savons que c'est autre chose qu'on exige de nous : on veut que, sous prétexte de statistique, chacun de nous s'inscrive volontairement, lui et sa famille, sur les livres du gouvernement, et par cela même reconnaisse le pouvoir des lois humaines et y soumette sa volonté et sa conscience. Mais c'est ce qui nous est insupportable.

« Il nous faut vous expliquer à ce propos que ni nous ni nos ancêtres, comme nous le savons d'après leur vie, ne nous sommes jamais laissé juger par les institutions humaines, mais exclusivement par notre conscience et les conseils de nos frères. Jamais nous n'avons eu recours aux lois pour justifier nos mariages, ni aux tribunaux pour le divorce ; nos vieillards seuls s'en occupaient et leur intervention consiste seulement en ce que, pour le mariage, ils conseillent de vivre dans l'affection et l'entente et, pour le divorce, tâchent de réconcilier les époux ; tout le reste est laissé à l'appréciation des époux. De même nous n'avons jamais recours aux institutions et aux agents du gouvernement en ce qui concerne les biens, les fonctionnaires n'ont jamais mis aucun de nous en possession d'un héritage, personne n'a fait de partage par le tribunal, les biens de nos orphelins n'ont pas été mis sous tutelle, on n'a pris aucune mesure protectrice, et entre nous il n'y eut jamais de discussion judiciaire. Une fois, cependant, il y a quinze ans, une grave discussion naquit parmi nous à propos d'un bien commun, et pour faire justice, nous nous sommes adressés aux autorités ; mais de cette démarche il est résulté parmi nous une telle injustice et une telle méchanceté que la vie était impossible et que nous étions près de la perte morale. Mais grâce à la protection divine, nous nous sommes repris à temps, nous avons renoncé à la source du mal et de la violence, et en supportant de graves privations et tourments, nous sommes revenus à la vie libre, guidés seulement par la conscience que nous ont léguée nos ancêtres.

« D'après tout cela, cher frère, vous devez comprendre qu'en adressant au gouvernement du Canada cette requête que vous blâmez, nous ne cherchons pas querelle comme vous le pensez et nous ne tâchons pas d'obtenir des privilèges particuliers, ni dans les affaires du mariage, ni dans la jouissance de la terre, ni en quoi que ce soit, mais nous voulons seulement rester dans les conditions de vie auxquelles nous sommes habitués, que nous reconnaissons bonnes, et que nous ne pouvons changer volontairement. Ni nous ni nos ancêtres, n'avons eu de propriété foncière personnelle ; ni nous ni nos ancêtres ne nous sommes mariés ni n'avons divorcé avec la permission des autorités ; ni nous ni nos ancêtres ne nous sommes fait inscrire à l'état civil, et c'est pourquoi nous nous sommes passés des lois humaines dans les affaires d'héritages, de partages et autres questions matérielles. Depuis longtemps déjà nous décidons toutes les questions par la conscience et les conseils de nos frères, et c'est pourquoi nous pouvons conserver ces formes de la vie, auxquelles vous-même accordez quelque préférence.

« Nous voulons être des chrétiens, et le christianisme, tel que nous le comprenons, ne consiste pas seulement à obéir au commandement « Tu ne tueras point », pour l'observation duquel nous avons beaucoup souffert ; cela n'est même pas un commandement exclusivement chrétien : il existe dans l'Ancien Testament, et en se dirigeant seulement par lui, on ne peut être chrétien ; il n'apprend que ce qu'il ne faut pas faire, mais il ne montre pas ce qu'il faut faire. Or, le commandement principal du christianisme, le commandement du Nouveau Testament l'indique précisément ; il ordonne de consacrer toute sa vie au service de la vérité, c'est-à-dire de devenir parfait comme est parfait notre Père du Ciel. Pour remplir ce commandement sans lequel on ne peut être chrétien, nous ne voulons pas avoir de propriété personnelle, nous ne voulons pas soumettre nos unions nuptiales aux lois humaines qui ne peuvent consacrer leur vraie légalité, nous voulons les soumettre entièrement à Dieu et à notre conscience ; enfin nous ne voulons pas donner sur nos décès et naissances des renseignements grâce auxquels nous pourrions nous soumettre pour les mariages ou autres actes aux lois humaines ; mais nous voulons en toutes choses agir simplement selon la conscience que nous ont léguée nos ancêtres.

« Après tout cela, vous devez comprendre clairement, cher frère, les motifs pour lesquels nous ne refusons pas de donner des renseignements statistiques, quand on nous en demandera, mais pourquoi nous refusons toute inscription sur les registres de l'état civil.

« Vous finissez votre lettre en nous disant qu'il est mal de refuser au nom de Dieu d'obéir aux demandes qui ne sont qu'incommodes, mais qui ne nous conduisent pas au péché : mieux vaut, dîtes-vous, faire une chose qui ennuie que chercher querelle. Nous ne voyons pas le rapport de cette leçon avec notre requête, mais nous voyons que deux fois vous nous accusez du désir de chercher querelle, et cette fois nous voulons vous dire que s'il survient quelque chose ressemblant à une querelle, ce que nous ne voulons pas du tout, nous penserons qu'elle n'est pas notre fait, mais qu'elle vient de ce que vous, qui avez accepté le rôle d'intermédiaire entre nous et le gouvernement du Canada, aurez mal expliqué nos vœux.

« Pardonnez.

« Les vieillards élus pour donner la réponse à propos de la requête au gouvernement du Canada,

« Signé : Frodor Dautov,

« Alexandre Bodiansky. »

Bientôt après, l'agent des émigrants à Yorktown réunissait les délégués des dix communes du sud et leur demandait de dire, sans retard, si les habitants de ces villages accepteraient ou non la propriété personnelle de la terre dépendant de ces villages. Les délégués ont donné la réponse suivante :

Village Kamenka, 14 octobre 1900.

« À Monsieur l'Agent des émigrants, à Yorktown,

« Les délégués des villages de la Fraternité universelle, sis près de Yorktown, sur les townships 31 et 12 des rangs 27 et 28, se sont réunis aujourd'hui au village Kamenka pour délibérer sur la question que vous nous avez posée, à savoir si nous consentions à accepter les sections paires des terres de ces townships qui appartiennent au Trésor, ou si, dans le cas où cet arrangement ne nous conviendrait pas, nous voudrions émigrer dans d'autres townships, derrière le lac du Bon-Esprit, réservés pour nous par le gouvernement et où nous pourrions avoir des terrains continus.

« Nous avons délibéré aujourd'hui à ce sujet et voici nos conclusions :

« 1º L'installation en d'autres townships nous sera très difficile même dans le cas où les terres y seraient meilleures que celles que nous occupons ; car, pour nous installer, il nous a fallu deux années de travail pour construire les bâtiments que nous occupons maintenant, et beaucoup d'entre nous, après ces énormes travaux, sont à bout de forces. Ainsi comme il serait très lourd pour nous de recommencer à bâtir avec le peu de moyens que nous avons, nous désirerions beaucoup l'éviter.

« 2º Mais si le gouvernement trouve mieux que nous émigrions aux autres townships, nous y consentons. Nous consentons aussi à accepter la jouissance des terrains alternes des townships sur lesquels nous vivons maintenant et des townships voisins. En général, nous sommes tout prêts à accepter toutes terres, même les moins commodes pour notre vie, que le gouvernement nous donnera en jouissance, et nous lui en serons reconnaissants.

« 3º Mais nous ne pouvons accepter aucune terre en propriété personnelle et nous demandons qu'on ne nous y oblige pas. Nous ne pouvons accepter la terre en propriété, même pour la forme, comme nous l'a conseillé M. Mood, pour être d'accord avec les lois foncières du Canada. Nous ne pouvons le faire, parce que nous voyons dans toute marque d'appropriation de la terre la principale violation de la loi divine. Pour nous, la propriété de la terre n'appartient qu'au Dieu Créateur qui l'a donnée en jouissance à tous les êtres vivants et surtout à l'homme parce que l'homme est l'être supérieur et surtout qu'il est capable de travailler utilement la terre et de la rendre féconde. C'est pourquoi nous reconnaissons que la jouissance de la terre doit appartenir surtout aux hommes qui y consacreront leur travail, et c'est une vérité si évidente qu'on ne peut la contredire. Mais pourquoi donc actuellement ceux qui voudraient donner leur travail à la terre sont-ils presque partout privés de cette possibilité, ou obligés pour cela de payer ceux qui n'ont aucun désir de la travailler ? Pourquoi, presque partout, les travailleurs sont-ils privés de la liberté de travailler et de la jouissance de la terre, tandis que les oisifs la possèdent et en jouissent ? Pourquoi telle iniquité évidente et ce trouble manifeste dans la vie sociale ? La raison est l'existence de la propriété foncière ; sans elle, la jouissance de la terre serait à ceux qui la travailleraient. C'est pourquoi celui même qui ne croit pas à l'existence de Dieu et ne reconnaît pas Dieu comme le seul créateur et maître de la terre, mais qui reconnaît la nécessité de la justice et de l'ordre dans la vie sociale et qui ne veut pas les violer, ne peut pas être propriétaire de la terre. Mais nous, de plus, nous reconnaissons Dieu, et le croyons le seul créateur et maître de la terre, comment donc pourrions-nous nous décider à y poser le sceau de la propriété ?

« C'est pourquoi nous demandons qu'on ne nous force pas à cet acte.

« 4º Cependant nous reconnaissons la loi de Dieu comme celle de la liberté absolue, c'est pourquoi nous avons décidé, outre le consentement actuel des délégués, d'interroger encore personnellement chaque chef de famille des villages de la Fraternité universelle près de Yorktown, sur ses intentions et ses désirs relativement à la possession et à la jouissance de la terre, et avons prié ceux qui voudraient devenir propriétaires de nous le faire savoir le plus tôt possible.

Suivent 30 signatures des délégués des villages de la Fraternité universelle.

Enfin, après quelques pourparlers avec les fonctionnaires, les Doukhobors ont reçu du gouvernement du Canada la lettre suivante, aux termes de laquelle leur requête du 22 juin était rejetée.

Réponse du gouvernement du Canada.

À Séméon Séméonoff, Vassili Popov et les autres au village Blagadareosk.

Ottawa, 7 janvier 1901.

« Messieurs,

« En réponse à votre requête du 22 juin 1900 au gouvernement du Canada, j'ai l'honneur de vous déclarer que, depuis mon entrevue avec vos vieillards en novembre dernier, j'ai discuté avec les autorités les questions qui font l'objet de votre requête, et je ne puis vous répondre que ce qui vous a déjà été écrit, c'est-à-dire que la terre ne peut être donnée que par les lois ordinaires. Quand vos délégués sont venus de Russie au Canada, ils ont demandé que chacun reçût du gouvernement 160 acres de terre. Chez nous, il n'est qu'une seule façon de donner aux émigrants les terres de l'État (homestead) et pour chaque émigrant qui arrive à Manitoba ou aux territoires nord-ouest, les règles sont les mêmes, quelle que soit sa nationalité ou sa religion. Ces lois et ces institutions sont le résultat d'une longue expérience qui a montré en même temps qu'elles garantissent le mieux possible les intérêts des émigrants eux-mêmes et de tout le pays en général.

« J'attire votre attention sur ce qu'il est absolument impossible au gouvernement de vous garantir des terres si chacun de vous ne se fait pas inscrire pour un homestead, car, en cas contraire, ces terres (que vous occupez) figureraient sur nos registres comme non occupées et d'autres personnes pourraient s'y installer et en demander l'inscription à leur nom, et nous n'aurions aucun motif de le leur refuser.

« J'ajouterai à cela qu'aussitôt que chacun de vous aura accompli les formalités de l'acceptation des homesteads, il recevra un certificat lui donnant le droit entier et absolu de posséder cette terre, après quoi il pourra en disposer à son gré, et alors si vos frères veulent élire des délégués auxquels seront confiées toutes les terres pour le bien de tous dans la jouissance en commun, c'est une affaire qui vous regarde exclusivement, vous pourrez agir comme vous le voudrez ; le gouvernement n'y fera aucun obstacle. Remarquez que tous vos amis (M. Mood et les Quakers d'Angleterre) ont la même façon de voir que nous. C'est pourquoi j'espère que vous prendrez les mesures nécessaires pour que les terres soient inscrites à vos noms. Comme on vous l'a déjà déclaré, s'il n'était pas commode pour vos frères de verser immédiatement les sommes dues pour les frais d'inscription, celle-ci peut être faite quand même ; nous inscrirons les frais comme dette sur la terre et prélèverons 6 %. Les certificats de propriété seront délivrés après le paiement de la dette.

« Quant à cette partie de votre requête, où il est question des renseignements pour la statistique des naissances, des décès et des mariages, bien que cette question soit du ressort du gouvernement local de Régina, je puis vous dire qu'il est impossible d'accéder à votre demande.

« Ces lois sont les mêmes pour tous les habitants du Canada, de l'Atlantique au Pacifique ; elles sont obligatoires pour tous : c'est pourquoi il ne saurait être question un seul moment de les modifier pour les Doukhobors.

« Toute personne mariée doit se faire inscrire en indiquant ses nom et prénoms et la date de son mariage ; chaque naissance et chaque décès doivent être enregistrés. Cette règle est acceptée dans tous les pays non sauvages, et, à notre connaissance, personne jamais n'y a fait d'objection ; les hommes honnêtes qui ne violent pas la loi n'ont aucun motif de redouter ces prescriptions des lois du Canada.

« Pour finir, je puis vous déclarer que les habitants du Canada étaient heureux de vous voir arriver dans leur pays. Ils ont l'intention de se conduire généreusement à votre endroit, de vous mettre dans une situation absolument égale à la leur, et de vous accorder tous les avantages que la loi leur confère ; mais, comme je vous l'ai déjà déclaré lors de notre entrevue, aucune loi d'exception ne sera faite pour vos frères, de même qu'envers eux on n'agira pas autrement qu'envers les autres émigrants installés déjà dans le pays ou ceux qui pourront encore y venir.

« Ainsi, après trois années de séjour au Canada, vous deviendrez citoyens, jouirez de tous les droits, et aurez même qualité que nous pour faire les lois.

« Quant à votre requête, il est inutile de continuer une plus longue discussion des questions qui y sont soulevées, parce que les lois du pays doivent être exécutées et vous verrez vous-mêmes, quand vous connaîtrez mieux les lois du Canada, que seuls les hommes mauvais et immoraux peuvent avoir peur.

« C'est pourquoi j'espère que vous reconnaîtrez vous-mêmes que votre propre avantage consiste à vous soumettre de bon cœur à nos lois selon le conseil de vos propres amis.

« Votre

« I.-J. Surrif,

« Gouverneur du Canada. »

En réponse, les Doukhobors ont adressé au gouvernement du Canada la lettre ci-dessous, qui est la dernière :

Réponse au gouvernement

Voskrecenovska, 11 février 1901.

À Monsieur l'Administrateur des terres d'État.

Réponse des délégués des villages du sud de la Fraternité universelle du Canada.

« Monsieur,

« Nous avons reçu votre réponse à notre requête du 22 juin, réponse dans laquelle vous déclarez qu'on ne peut souscrire à nos demandes, et nous montrez comment nos désirs pourront être satisfaits par la suite, quand nous serons citoyens du Canada.

« Malheureusement, nous pensons que si nous acceptions le moyen que vous nous faites entrevoir d'obtenir la réalisation de nos désirs, il nous faudrait tout d'abord les abandonner. Nous comprenons que, grâce à la différence de vos conceptions et des nôtres touchant l'objet de la vie, il est aussi difficile au gouvernement de satisfaire à nos désirs et pour cela de limiter le pouvoir des lois, qu'à nous de reconnaître vos lois comme la règle de la vie ; mais, malgré cela, comme avant, nous restons reconnaissants des bons procédés du gouvernement à notre égard. Maintenant, nous sommes forcés de vous demander d'avoir la bonté de nous permettre de rester au Canada jusqu'à ce que nous trouvions un autre pays où nous installer, où jusqu'à ce que nous soyons convaincus que, pour les hommes qui ont l'intention d'établir leur vie sur les bases chrétiennes, il n'y a plus de place sur la terre.

« Voici les éléments d'après lesquels on peut jusqu'à un certain point, juger de nous, de nos désirs et de notre situation actuelle.

« Qui sommes-nous ?

« Nous sommes des hommes simples, des travailleurs qui reconnaissons qu'être simple ouvrier est mieux et plus avantageux qu'avoir toute autre situation sociale, c'est pourquoi notre principal souci est de nous habituer au travail, à la simplicité et à la pureté de la vie.

« Que voulons-nous ?

« Établir la liberté, la vérité et l'amour selon la doctrine du Christ, non dans la vie des autres, mais tout d'abord dans la nôtre. C'est pourquoi, en adressant notre requête au gouvernement du Canada, n'avions-nous pas la pensée d'obtenir l'abolition de la propriété foncière dans ce pays.

Nous demandions seulement qu'on nous accordât la faveur de ne pas être par la force personnellement propriétaires fonciers parce que nous reconnaissons que la propriété foncière est un mal et une iniquité qu'on ne saurait soutenir, même pour la forme, sans pécher. Et nous ne prétendons pas que cette ferme conviction qui nous anime soit reconnue juste par tous, mais, voyant clairement que personne ne souffrira de ce que nous nous nourrissions de la terre sans en être les propriétaires, nous avons demandé qu'on nous permît de la travailler et de vivre de ses produits sans nous en déclarer possesseurs.

« De même nous n'avons pas exigé que tous ceux qui vivent dans l'État du Canada subordonnent la légalité ou l'illégalité de leurs relations nuptiales non aux lois du Canada et à l'inscription sur les registres de l'état civil, mais à la voix de la conscience. Non, nous avons demandé qu'on ne nous forçât point à diriger notre conduite d'après les lois, nous qui savons que leur immixtion dans les affaires nuptiales crée des maux incalculables. La séduction des filles, la chasse au fiancé, l'adultère, les querelles de familles, l'abandon des enfants, la prostitution, la dépravation absolue de la société, tout cela est fortifié par l'immixtion des lois dans les relations nuptiales que les Doukhobors laissent dans le domaine exclusif de la conscience. Voyant clairement tout ce mal dans la vie qui nous entoure, nous avons voulu seulement qu'on ne nous ôtât point la possibilité de nous diriger dans nos unions nuptiales exclusivement par le moyen de la conscience, tout en reconnaissant aux autres l'entière liberté de se diriger comme bon leur semble.

« Enfin, sachant que c'est seulement avec la volonté et la liberté de conscience que l'homme peut reconnaître et voir clairement en quoi consiste la vertu et en quoi le mensonge de la vie et désirant conserver notre volonté et notre conscience en toutes choses, nous demandons d'affranchir notre société de telles inscriptions qui nous soumettraient aux formalités civiles, inutiles pour nous, et nous imposeraient des droits et des devoirs qui ne nous sont pas nécessaires. Mais, à côté de cela, nous étions loin de vouloir affranchir des conditions de la civilisation contemporaine la volonté et la conscience de ceux qui n'ont pas besoin de la liberté.

« Toutes nos demandes au gouvernement du Canada ont été vaines, et nous sommes maintenant dans une situation telle qu'à tout moment nous pouvons être privés de la terre et de l'abri et en outre exposés à des mesures violentes.

« Il ne paraît pas possible de rester dans cette condition, aussi nous adressons-nous aux hommes bons du monde entier en leur demandant de nous dire où existent un pays et une société où nous pourrions être tolérés, nous installer et vivre, sans que personne nous demande pour cela de renoncer à la liberté de conscience et à ce que nous reconnaissons pour la vérité de Dieu.

(Suivent les 50 signatures des délégués.)

« Les Doukhobors. »

1. ↑ Adressé à tous et à chacun par les Doukhobors émigrés au Canada.

XV

À PROPOS DU CONFLIT ENTRE LES DOUKHOBORS ET LE GOUVERNEMENT DU CANADA

De la correspondance échangée entre les Doukhobors et le gouvernement du Canada, ressort nettement la situation des deux parties. Quelle en peut être l'issue ? Sans avoir la prétention de répondre positivement à cette question, nous voudrions tout d'abord jeter quelque lumière sur les trois points qui sont la cause essentielle du désaccord : c'est-à-dire : l'acquisition de la terre en propriété individuelle, le mariage civil et l'enregistrement de l'état civil.

Selon leur doctrine, exposée dans les psaumes de leur *Livre de la vie*, les Doukhobors se reconnaissent comme une génération élue qui remonte aux trois adolescents Anam, Azari et Mizaïl. Cette explication allégorique de leur origine contient une vérité à la fois historique et psychologique. D'après la tradition biblique, les trois adolescents que Nabuchodonosor voulait sacrifier au dieu Baal, qu'ils avaient refusé d'adorer, sont le premier symbole du martyr chrétien et en général de tout martyr d'une idée religieuse. Les Doukhobors, pendant leur existence d'environ deux cents ans, endurèrent de telles persécutions que leurs adeptes prirent la persécution pour condition naturelle et historique de leur vie, et commencèrent à s'y croire destinés toujours et partout, mais triomphant spirituellement, et par un rapprochement assez légitime, ils s'assignèrent comme origine les trois premiers martyrs qui, jetés dans le fourneau enflammé, en sortirent sains et saufs.

Les Doukhobors peuvent dire, eux aussi, qu'ils sont sortis « saufs » de cette flamme de deux cents ans dans laquelle les plaça la politique gouvernementale et ecclésiastique russe.

La cause de ces longues persécutions est évidente. C'est la simple et pacifique *non obéissance* à l'État gouvernemental dans le quel vivaient les Doukhobors.

Cette non-obéissance se manifesta de diverses façons, depuis le refus du service militaire, jusqu'au refus de se décoiffer devant les autorités et même devant le tsar. L'existence de cette secte n'était évidemment pas possible dans l'État russe qui, en effet, résolut de faire disparaître ses partisans par tous les moyens possibles ; peine de mort, tortures, déportation, emprisonnement, etc. Mais la force de l'idée religieuse est telle, que les épées des bourreaux s'émoussèrent, le nombre des partisans de la secte opprimée s'accrut et leur doctrine se développa.

Le bourreau insensé, Paul Ier, fut remplacé par un bourreau plus sage et plus doux, Alexandre Ier, qui se lassa très vite de persécuter les Doukhobors et consentit à les laisser vivre en paix.

Mais il était difficile de tolérer les Doukhobors parmi les sujets soumis. Au commencement du XIXe siècle, ils furent groupés et parqués à Molodcheia Vodi, dans la province de Crimée ; séparés des autres Russes par les steppes désertes et le cordon policier, les Doukhobors furent abandonnés à eux-mêmes. Alors ils s'organisèrent en communes très compactes, et, au dogme de leur glorieuse origine, ils ajoutèrent celui de « l'élection ». Ils acceptèrent le nom de Doukhobors qui leur fut alors confirmé, cessèrent de s'appeler des Russes et formèrent un peuple à part, un État particulier théocratique, vivant de sa vie propre, en payant seulement un tribut au tsar.

Leur émigration au Caucase n'altéra en rien leur organisation intérieure, et là-bas, ils développèrent encore plus leurs caractères spécifiques, et cela, grâce surtout à la diversité des populations caucasiennes parmi lesquelles ils étaient jetés. Au milieu des Grouzines, des Arméniens, des Tartares, etc., qui les entouraient, pendant les cinquante années de leur vie au Caucase, ils se constituèrent en un royaume de paysans.

La faiblesse, la vénalité et la négligence de l'administration caucasienne ne firent que fortifier les Doukhobors dans leur propre opinion. Ils avaient des représentants élus qui réglaient tous les rapports entre eux et les autorités, et les Doukhobors — citoyens — n'y avaient aucune part.

L'élévation des opinions morales des Doukhobors, dont la base est la négation du pouvoir, et qui leur donne la force de supporter les persécutions, leur vie sobre et laborieuse, tout cela les enveloppait du « bouclier de la vérité » et leur valait l'estime du dehors. La doctrine morale des Doukhobors, tiré de l'évangile, a une énorme influence sur leurs relations réciproques, et, à ce point de vue, on peut les appeler chrétiens, mais leur particularité national, leur état gouvernemental, comme chaque État gouvernemental et chaque particularité national, ne pouvait être et ne fut jamais chrétien.

À la fin des années 80, parmi les Doukhobors du Caucase se manifestèrent deux courants opposés : le premier, inférieur, qui se développa sous l'influence de la prospérité, de leur contact avec l'armée et en général avec l'élément vorace du Caucase ; et le deuxième, radical, chrétien, qui posait de nouveau les bases les plus sévères de la morale chrétienne, qui de nouveau se décidait à la non-obéissance, jusque dans les moindres exigences gouvernementales de caractère policiers (sans parler, bien entendu, du service militaire).

Le premier courant entraîna une partie des Doukhobors compromis avec le gouvernement russe ; le deuxième excita un désaccord complet avec lui. D'une part, grâce au développement moral indépendant, d'autre part, sous l'influence des nouvelles idées chrétiennes, d'un caractère anarchiste, qui éclosent maintenant dans le monde entier, les Doukhobors qui suivirent ce mouvement adoptèrent trois nouveaux principes, ayant, il est vrai, des rapports avec leur ancienne doctrine, mais qui jusqu'alors, n'avaient pas été nettement formulés. Ces trois principes sont : l'internationalisme, le communisme et le végétarianisme. En même temps, les Doukhobors changèrent de nom et s'appelèrent : « Les Chrétiens de la Fraternité Universelle ». Dès lors, leurs biens furent mis en commun, et ils cessèrent de manger de la viande.

Entre ces deux partis, il s'en forma un troisième, qui partageait et les compromis du premier, et les règles sévères et les idéals du second.

De nouveau, la vie des « Chrétiens de la Fraternité Universelle » n'était plus compatible avec le pouvoir gouvernemental qui les entourait, et qui, à cette époque, commença à pénétrer peu à peu le mur qui fermait « le pays des Doukhobors ».

Comme avant, le gouvernement russe résolut de se débarrasser de ces hommes gênants. Mais, détruire des milliers d'êtres à la fois n'était pas plus facile que de cacher « la Ville placée au sommet de la Montagne », et le gouvernement eut recours à ce moyen : séparer les contaminés de ceux qui, selon lui, n'étaient pas encore atteints de la terrible maladie.

Les plus actifs d'entre « les Chrétiens de la Fraternité Universelle » furent déportés en Sibérie, et cantonnés dans la province de Iakoutsk ; toute la masse protestante fut autorisée à partir à l'étranger.

Les lecteurs savent que les émigrants trouvèrent un asile au Canada, où leur situation matérielle semblait tout à fait garantie.

Les Doukhobors, réfugiés au Canada, y apportèrent naturellement leurs traditions anciennes ainsi que les idées nouvellement acquises. Le nouveau mouvement avait été conduit au Caucase par Pierre Vériguine et quelques autres vieillards qui jouissaient de la confiance illimitée de leur parti. Le gouvernement russe arracha ces chefs du milieu des Doukhobors et les déporta. Mais le grain qu'ils avaient semé croissait déjà et le mouvement dont ils furent les promoteurs se continua même sans eux. Cependant tous ces hommes qui s'étaient jetés dans ce mouvement avaient besoin qu'une certaine éducation rattachât les nouveaux principes aux vieilles habitudes, et cette éducation n'était pas encore faite, c'est pourquoi, dans le nouveau parti, à côté de héros, prêts au sacrifice de leur vie même, se trouvaient des hommes faibles, non rompus aux nouvelles exigences et ayant besoin d'être conseillés et guidés. C'est ce qui explique la variété qui se montre maintenant dans les exigences morales et les actes des Doukhobors du Caucase.

Mais quelle que soit la faiblesse de certains, la conception traditionnelle du monde est si solide chez les Doukhobors, qu'ils dominent le milieu qui les entoure, soit qu'ils se trouvent parmi les habitants sauvages du Caucase, ou parmi les hommes civilisés du Canada, et présentent une force invincible.

Les Doukhobors, comme ils le devaient, ont salué leur émigration du pays des persécutions au pays de la liberté. En effet, dès qu'ils mirent le pied sur la terre du Canada, on leur déclara qu'ils avaient pleine liberté religieuse, et ils se trouvèrent affranchis du service militaire.

Mais, tout à coup, les exigences religieuses et morales des Doukhobors se trouvent en conflit avec les exigences du gouvernement du Canada. Pourquoi ? Parce que le principe fondamental des Doukhobors, celui pour lequel ils ont souffert la persécution, le principe de la « non-obéissance », est incompatible avec tout gouvernement, russe ou autre.

Et même, dans ce cas, apparaît cette contradiction : avec les gouvernements russe, turc, chinois, ou quelque autre, le plus sauvage, ce principe est plus conciliable qu'avec le gouvernement du Canada où la liberté des individus est achetée par eux moyennant certaines obligations civiques. Le gouvernement du Canada accorde la liberté individuelle, il est prêt à la faire respecter, mais moyennant la soumission complète à toutes les exigences de ce qu'on pourrait appeler l'hygiène sociale civique. Il demande que chaque naissance soit inscrite dans les registres, que chacun apprenne à lire et à écrire, que les enfants naissent de parents unis par le mariage légal civil, que la mort de chaque citoyen soit régulièrement enregistrée, que la propriété foncière ou toute autre soit juridiquement individuelle ; il demande le paiement de tous les impôts établis par les lois, etc. Et le gouvernement ne peut considérer comme citoyens, ne peut défendre, donner la liberté et garder dans son pays, ceux qui ne s'y soumettent pas.

Les citoyens des pays civilisés sont tellement habitués à ces formalités qu'ils ne les considèrent pas comme la violation de la liberté ; mais aux Doukhobors, qui n'y sont pas habitués, elles paraissent très gênantes.

Comme je l'ai déjà dit, les principes de la Fraternité chrétienne universelle n'ont pu encore se fortifier solidement, car s'ils étaient assez forts, alors les Doukhobors perdraient le caractère de peuple particulier et se disperseraient par tout le monde, et comme le sang nouveau, jeune, qu'on introduit dans un organisme vieilli, ils lui redonneraient la jeunesse et la force.

Mais puisque ces principes n'ont pas encore réussi à se fortifier dans toute la masse des Doukhobors, alors la protestation générale n'était possible que sur le terrain de la tradition ancienne, sur le terrain du principe « du peuple élu ». Et ainsi nous assistons à ce choc qui a causé tant d'étonnement aux libres citoyens du Canada.

Les Doukhobors émigrés au Canada ne veulent pas que le gouvernement du Canada s'immisce dans leurs affaires. Ils consentent à payer un tribut à Édouard VII, comme ils le faisaient aux Alexandre et aux Nicolas, mais ils ne sont pas disposés à se soumettre à la loi civile.

Deux issues peuvent terminer ce conflit : premièrement, sous l'influence du milieu ambiant, de la connaissance de la vie du Canada, la dislocation du principe de « l'individualisation » peut se produire, et les Doukhobors se soumettront à toutes les exigences du gouvernement du Canada ; deuxièmement, le principe de l'individualisation se fortifiera encore plus, les Doukhobors subiront des persécutions, mais néanmoins le gouvernement du Canada sera forcé de reconnaître leur indépendance et ils s'installeront dans un pays à part qui leur sera concédé.

Le gouvernement du Canada hésite à prendre l'une ou l'autre décision, et, en ajournant le pas décisif, il montre ainsi une vraie sagesse.

Mais toute cette affaire s'est compliquée encore par l'ingérence d'un élément étranger. Un des amis des Doukhobors, qui vivait avec eux au Canada, plein de sympathie pour les hautes idées chrétiennes au nom desquelles les Doukhobors furent persécutés et durent quitter la Russie, devint l'interprète littéraire des protestations des Doukhobors contre le gouvernement du Canada. Il donna, selon l'expression d'un des émigrants, homme intellectuel, vivant parmi les Doukhobors du Canada, « la phraséologie chrétienne » à la requête des Doukhobors. Mais dans les motifs de la protestation, il s'éleva à un point de vue plus haut, chrétien, anarchiste, que ne partageaient pas tous les Doukhobors. Mais comme ceux-ci sont illettrés, ils acceptèrent cette expression littéraire de la protestation, plus par confiance en son auteur que par leur consentement absolu avec son contenu.

À notre question sur ce qu'ils pensaient du contenu de la requête, l'un des signataires nous a adressé cette réponse : « Quant à ce qu'a écrit B…, vous savez que nous n'avons pas assez d'esprit pour comprendre chaque mot, et il y avait certains mots qui ne nous convenaient pas tout à fait, mais B… est un vieillard tenace et il interprète toujours à sa façon. »

Néanmoins, dans les lettres des Doukhobors qui ont signé la requête, est exprimée la ferme résolution de ne pas céder au gouvernement du Canada sur les trois points qui font l'objet de la requête : propriété foncière personnelle, mariage civil, enregistrement à l'état civil. Mais les motifs qu'ils donnent dans leurs lettres diffèrent de ceux exposés dans la protestation adressée au gouvernement du Canada. Ces motifs reposent non sur l'anarchisme chrétien, mais sur le principe de l'individualisation, de leur indépendance vis-à-vis tout gouvernement. La protestation contre la formalité des actes de vente personnels ne porte pas sur la propriété foncière en général, elle s'élève contre l'ingérence de l'État dans le partage des terres. La protestation contre le mariage civil n'est pas contre le mariage en général, mais contre l'ingérence du gouvernement dans leur institution du mariage. La protestation contre l'inscription matricule ne s'adresse pas à l'inscription en général, mais à l'enregistrement obligatoire, à l'obligation de communiquer au gouvernement des renseignements sur leur vie intérieure.

Outre les déclarations écrites dans ce sens par les Doukhobors eux-mêmes, ce qui confirme nos dires c'est que la protestation, la plus chrétienne, contre la propriété foncière, n'est partagée que par une petite minorité des Doukhobors, tandis que la protestation contre l'enregistrement à l'état civil, qui touche le moins à la doctrine chrétienne, est partagée par presque tous les Doukhobors des trois colonies, même par ceux qui n'ont pas subi l'influence intellectuelle sus-mentionnée[1]. La situation étant ainsi exposée, nous allons essayer de résoudre ces questions très difficiles : que doivent faire les deux parties adverses, c'est-à-dire les Doukhobors qui ne veulent pas se soumettre aux exigences du gouvernement du Canada, et le gouvernement du Canada qui ne veut pas renoncer à ses exigences ?

Nous sommes loin du désir de nous attribuer le rôle de maître et de guide en cette affaire ; mais nous croyons de notre devoir d'expliquer notre opinion, puisque les Doukhobors eux-mêmes nous ont demandé conseil. Pour ce qui est des Doukhobors, nous croyons avant tout qu'ils doivent se bien éclairer de tout ce qui s'accomplit autour d'eux, et c'est pourquoi doivent-ils cesser d'appeler leur opposition « l'acte le plus chrétien » de la Fraternité universelle, et l'appeler tout simplement, l'obligation pour les Doukhobors de reconnaître leur autonomie. La lutte pour l'indépendance qui est conduite non par l'attaque active contre les oppresseurs de cette indépendance, mais par la voie, pacifique mais énergique, de la non-soumission à leur exigence, mérite la sympathie et l'aide la plus chaleureuse, et dans cette voie, elle aura sa seule source dans la Raison. C'est donc dans ce sens qu'il faut engager les pourparlers avec le gouvernement du Canada, puisqu'en tous cas, des relations pécuniaires subsisteront entre lui et les Doukhobors. Les Doukhobors doivent élire parmi eux des représentants chargés des relations nécessaires avec le gouvernement du Canada. Et comme, probablement, le gouvernement du Canada ne pourra passer sur l'obligation de l'état civil, alors ces mêmes mandataires devront tenir des registres de la façon la plus commode pour les Doukhobors. Cela n'empêchera nullement aux Doukhobors de continuer leur marche vers le développement moral, et d'aspirer à l'atteinte des plus purs idéals chrétiens ; de même cela n'empêchera pas le développement parmi eux des principes de communauté, d'abolition de la propriété foncière, etc. Et si les Doukhobors, ou leurs partisans, affirment que leurs protestations sont basées sur le principe le plus élevé de l'anarchisme chrétien, alors ils s'embourberont dans la casuistique, et, ne pouvant soutenir jusqu'au bout leurs protestations, ils glisseront du terrain sur lequel ils peuvent se tenir fermes. Et ceux, parmi eux, qui sont réellement dévoués aux nobles idées de la Fraternité universelle, doivent renoncer non seulement au nom de Doukhobors, mais à leurs particularités nationales, ne pas affirmer leur unité sociale et ne pas en fermer l'entrée.

Que doit faire le gouvernement du Canada ? Premièrement : continuer la politique d'attente qu'il a si sagement adoptée et ne pas se hâter de faire le pas décisif ; deuxièmement : s'il y est obligé, faire tout son possible pour céder aux exigences des Doukhobors, ce qui sera le plus avantageux pour lui, en prenant en considération que, pendant cinquante ans de la vie des Doukhobors au Caucase, ils furent les plus exacts à payer les impôts, et que pendant cette période aucun ne fut jugé pour délit civil ou criminel. Puisque, pour leur individualisation, les

Doukhobors ne demandent aucun droit, mais seulement la possession, sans obstacles, de la terre qui leur sera assignée, il nous semble possible de satisfaire leur exigence.

P. Birukov.

1. ↑ La résistance opposée par les Doukhobors lors du dernier recensement au Canada, formalité contre laquelle ils ne protestèrent pas au Caucase, même dans la période de leur plus grand développement spirituel, est aussi une confirmation à ce qui précède.

XVI
APPENDICE

Les archives des Matériaux pour l'histoire et l'étude des sectes russes, réunies à la rédaction de la « Parole libre ».

Le mouvement des sectaires en Russie, en se développant chaque jour, attire de plus en plus l'attention de notre société et de notre littérature.

La censure, qui, en Russie, entrave si fortement la liberté de la parole, ne laisse pour ainsi dire aucune possibilité de montrer les divers côtés de notre mouvement sectaire dans les organes de la presse russe. D'un autre côté, les persécutions administratives contre les sectaires, la conduite révoltante, à leur égard, du clergé, des missionnaires et de la police, exige la publication de tout ce qui se passe dans ce coin peu connu jusqu'ici de la vie populaire russe.

Dans la mesure de nos forces, nous avons donné dans nos éditions divers renseignements sur la situation des sectaires en Russie.

À présent, nous avons décidé d'organiser la publication de la vérité à leur sujet, sur des bases solides et méthodiques, c'est pourquoi nous avons accueilli avec joie l'idée de M. V. D. Bontche-Brouievitch qui nous a proposé d'établir les archives centrales de tous les matériaux relatifs au mouvement sectaire en Russie. L'installation de ces archives est déjà commencée : de notre côté, nous leur avons apporté les divers matériaux recueillis par nous personnellement, et réunis chez nous. En outre : MM. V. D. Bontche-Brouievitch, V. M. Velitchkina, P. J. Birukov, J. M. Tregoubov, A. M. Bodiansky, D. A. Khilkov, G. Fischer et beaucoup d'autres personnes, ainsi que les diverses organisations sectaires, ont déjà fourni à ces archives une grande quantité de documents.

Ainsi, dans les archives sont réunis déjà près de *quatre mille* documents divers, relatifs aux Doukhobors, Sktundistes, Baptistes, « Pachkovstzy », Soubbotniky, « Tolstoïens » et autres sectes.

Tous ces matériaux, qui maintenant classés par M. V. D. Bontche-Brouievitch, seront conservés chez nous et soigneusement gardés de la perte et des dommages. Nous avons aussi l'intention de publier la description détaillée et méthodique de ces archives pour donner à la société russe la possibilité de connaître tout ce que nous avons recueilli et qui doit être édité.

Tous ces matériaux qui consistent en divers ouvrages, en mémoires, autobiographies, notices philosophiques et religieuses, lettres, renseignements, statistiques, divers documents officiels (actes d'accusation, circulaires secrètes, rapports des Ministres, etc.), nous avons l'intention de les éditer en volumes à part dans la série générale : « Des matériaux, pour l'histoire et l'étude de sectes unies ».

Jusqu'ici, de ces nouvelles séries nous avons édité trois fascicules relatifs au mouvement des Doukhobors. Trois autres sont sous presse.

La publication future des volumes de cette série dépendra absolument de la sympathie que témoignera la société russe à cette œuvre si nécessaire de la parole libre. Outre que la mise au jour de ces matériaux est désirable parce qu'ils représentent des documents précieux pour la science historique russe, nous espérons chaleureusement que le vif désir exprimé par les sectaires de voix publier tous les renseignements concernant ce qu'ils ont à subir, de la part des autorités, sera entendu en Russie et à l'étranger et que les moyens nécessaires nous seront envoyés comme ils l'ont été, dans les années précédentes, pour nos autres publications.

En même temps, nous demandons à tous ceux qui s'intéressent à ces archives de nous aider dans la centralisation future de matériaux relatifs aux sectes russes et de nous envoyer tout ce qui touche cette question : extraits de journaux, articles, circulaires, manuscrits etc., etc. Nous conserverons tout cela très soigneusement, et ferons notre possible pour l'éditer.

La direction des archives et la rédaction générale (*de matériaux pour l'histoire et l'étude des sectes russes*) appartient à M. V. D. Bontche-Brouievitch.

Édition de la « Parole libres ».

24 novembre 1901.

P. S. On demande d'envoyer toutes les communications concernant ces archives à l'adresse suivante : *Monsieur V. Tchertkov, Christchurch. Hants. England.*